JN430680

춤을 잃은 고래

춤을 잃은 고래

홍경희 수필집

말그릇

책을 내면서

어느 날, 흑백사진 상자를 뒤적이다가 42년 전에 아버지가 보내신 편지 두 통을 만났다. 그중 하나는 아버지께 용돈을 보내면서 내가 쓴 편지의 답장이었다.

1984년 새해에 보내신 편지, 너무 오래되어 치자색으로 변한 편지지. 종이만 봐도 눈물이 쏟아졌다. 한 글자, 한 글자 마음에 새기며 다시 읽어 본다.

歲末(세말)에 너의 편지 바다보니 詩(시)를 읽는 氣分(기분)이 나며 四十五歲(사십오세)답지 안은 小女(소녀)가튼 文章(문장), 만약 네가 文學 方面(문학 방면)으로 나갓더라면 一流(일류) 女流文學家(여류문학가)가 되었을 것인데 참으로 아까운 생각이 든다.

그때는 마흔이 넘어서야 뒤늦게 아버지에게 인정받은 기분이었다. '문학을 했다면 일류 여류문학가가 되었을 거'라는 말씀이 너무 과분한 칭찬이어서 부끄러웠을 뿐, 내 안에 깊이 심어진 씨앗이었을 줄은 몰랐다.

내가 글 쓰는 것조차 모르고 가신 아버지. 아버지가 심어준 씨앗이 꽃으로 필 때까지 오래 걸렸다. 예순이 훌쩍 넘어 글쓰기를 시작했고, 몇 년 후 수필가로 등단했다. 벅찬 마음으로 첫 수필집을 아버지 영전에 올렸던 때가 10년 전의 일이다.

요즘 들어 자주 떠오르는 생각은 주변을 깔끔하게 정리하고 마무리하고 싶다는 것이다. 그중에서 가장 먼저 해야 할 일은 여기저기 흩어져 있는 글들을 묶어 먼저 책 《주행가능거리》 옆에 나란히 꽂아 놓는 일이다. 찾는 이 없어도 서로 의지하여 외롭지 않게 해주고 싶다.

뭐 그리 대단한 글이랴만 내게는 날개 밑에 품고 있는 병아리처럼 애틋하다. 사연이 있고, 동기가 있고, 그야 말로 신변잡기지만 따지고 보면 모든 글은 신변에서 나오는 게 아니던가?

슬퍼도 쓰고, 기뻐도 쓰고, 죽도록 외로워도 썼다.

몸은 쇠락해 가는데 변치 않는 것은 글에 대한 목마름이다. 좀 더 노력해서 좀 더 잘 쓸걸…. 아쉬움투성이의 글들을 더는 어쩌지 못하고 그냥 세상에 내보내기로 했다. 혹시라도 읽어주는 누군가에게 위로와 동감을 끌어낼 수만 있다면 그보다 더 좋은 일은 없을 것 같다.

주위에 내 일처럼 도와주신 분들이 많다. 한 분 한 분 말씀드리지 않아도 그저 두 손 모아 감사드리는 마음을 알고 계시리라 믿는다.

부끄럽기 짝이 없다.

2025년 초가을 법화산 자락 陋室에서

홍경희

2장_ 금쪽같은 늙은이

3장_ 춤을 잃은 고래

4장_ 카지노 체험기

5장_ 팔십에 다시 첫사랑을

\\\\\\\\\\\ \

1장_10분간의 결투

10분간의 결투

지하철 4호선을 탔다. 오이도에서 출발하는 전철은 항상 붐볐는데 그날따라 어쩐 일로 한산했다. 경로석에 자리 잡고 나만의 생각 속으로 느긋하게 빠져들 준비를 했다.

사당역에 이르자 흑인 여자가 탔다. 피부색이 유난히 검었지만 늘씬한 키에 이목구비가 시원시원했다. 그런데 주저 없이 경로석에 앉는 것이었다. 몇 살이나 됐을까? 외국 사람들은 나이를 가늠할 수가 없다. 더구나 얼굴이 새까마니…. 그래도 경로석 감은 아닌 것 같았다. 인심 좋게 봐줘도 삼십 대를 넘은 몸매는 아니었다. 임산부일 수도 있지만 육안으로 식별되는 임산부는 아닌 게 확실했다. 멀쩡히 걸어 들어왔으니 장애는 더욱 아니었다.

'지하철 예절을 잘못 배웠군. 멋쟁이라고 생각했는데 쯧쯧.'

그녀는 금방 내 눈 밖에 났다. 앉자마자 부스럭부스럭 거울을 꺼낸 후 얼굴을 토닥이며 화장을 했다.

'까만 얼굴에 바르는 화장품은 뭘까? 검은색 화장품도 있을까? 있겠지.'

황색인종인 우리는 좀 더 하얗게 보이려고 흰색을 바르는데 저들은 설마 흰색은 아닐 것이고…. 궁금했다.

거울을 쥔 손은 까만데 손톱은 형광빛 분홍색이었다. 맞은편에 앉았으니 내가 눈을 감기 전에는 그녀가 내 시야를 벗어날 수 없는 상황이었다. 모처럼 자리 잡고 앉아 즐거운 시간여행을 할 참이었는데 방해받은 기분이었다. 눈을 지그시 감았다.

"딱! 딱!"

금속성 소리가 들렸다. 눈을 뜨고 보니 그 여자였다.

발톱이나 깎을만한 큰 손톱깎이가 그녀의 손에 들려 있었다. 작업 중이었다. 잘린 손톱은 대책 없이 그녀의 발밑으로 떨어지고 있었다.

'저게 뭐하는 짓이람.'

경로석에 앉을 때부터 화장하는 것까지 거슬렸는데 저건 아니다 싶었다. 눈을 곱잖게 뜨고 째려봤다. 시선을 느꼈는지 흘끔 나를 쳐다봤다. 나도 시선을 거두지 않고 눈에 힘을 주었다. 흠칫하는 듯싶더니 손톱깎이를 슬그머니 주머니에 넣었다.

'그래, 네 죄는 네가 알렷다.'

일단 상황을 수습한 걸로 알고 다시 눈을 감았다. 그런데 잠시 후, 다시 그 소리가 들렸다.

"딱! 딱!"

눈을 떠보니 좀 전의 그 짓을 또 하고 있는 게 아닌가. 이번엔 눈에서 레이저 화살을 쏘았다. 그녀가 나를 바라봤다. 그런데 흠칫이 아니고 마주 쏘아보는 것이었다. 이번엔 내가 잠깐 흠칫했다.

'저건 뭐지? 내게 도전하겠다는 거야 뭐야? 지가 잘못했으면서. 내게 덤벼보겠다는 건가?'

그 여자와 소통할 언어가 내게는 없었다. 영어든 뭐든. 손으로 안 된다는 엑스 표시를 해 볼까. 아니면 손을 홰홰 저으며 하지 말라는 손짓을 해 볼까. 이리저리 궁리하면서도 쏘아보는 시선만은 거두지 않았다. 속으로는 은근히 겁도 났다.

강아지도 제집 앞에서는 짖는다는데 내가 그 짝이었나? 모른척할 걸 감당도 못 하면서 괜스레…. 덩치가 커다란 저 여자가 내게 무식하게 육탄전을 해온다면 나는 꼼짝없이 당할 수밖에…. 전철 안을 둘러봤다. 아무도 이쪽에 신경 쓰는 것 같지 않았다. 말려주거나 내 편을 들어줄 사람도 없었다.

그녀도 망설이는 걸까? 시선이 흔들리는 듯하더니 여전히 나를 바라보며 손톱깎이를 주먹에 꽉 쥔 채 슬그머니 일어났다. 내 쪽으로 천천히 걸어왔다. 순간 나는 긴장했다.

'어어? 저게 내게 덤비려고?'

등줄기가 후끈했다. 그러나 눈 화살은 절대로 멈출 수 없었다. 아, 그런데 그녀는 나를 지나쳐 마침 열리고 있는 출입구를 빠져나갔다. 이촌역이었다.

'잘 생각했다. 불리하면 삼십육계가 최고니라. 네가 택할 길은 오직 줄행랑뿐이다.'

휴우! 그제야 눈의 힘을 풀었다. 눈도 깜박이지 않고

쏘아봤더니 눈물이 날 지경이었다. 10분간의 불꽃 튀는 시선과 시선의 충돌! 그건 소리 없는 결투였다.

어느 나라에서 왔는지는 몰라도 이번 경험을 통해 공중 예절을 제대로 체험했기를 바라지만, 글쎄다.

어느새 내가 내릴 삼각지역이었다.

자녀분들과 의논하세요

"자녀분들과 의논해서 하세요."

요즘 자주 듣는 말이다.

삼종지도에 남편이 죽으면 자식을 따르라고 했다. 그런데 남편이 내 옆에 멀쩡히 있는데도 남편과 상의하라고 말하는 사람들은 없다.

나이 들어 판단력이 흐려졌다고 생각해서 하는 말이거나, 이미 혼자일 거라고 여겨 그러겠지, 하면서도 영개운치 않은 말이다.

내비게이션이 주행 중에 갈팡질팡하는가 하면 제한속도가 80에서 70으로 바뀐 지점에서도 여전히 80으로 말해서 나를 골탕 먹였다. 업그레이드했는데도 마찬가지. 엎친 데 덮친다고 오래전에 막내아들이 설치해 준

블랙박스에서는 뭔가를 포맷하라고 계속 말했다. 그러니 블랙박스가 작동이 되는지 안 되는지조차 몰라서 답답했다.

다양한 직종에서 종사하는 문우들이 모인 단톡방에 문의했다. 내비게이션과 블랙박스를 바꾸고 싶은데 추천 바란다고….

친절한 의견이 많았다. 낮은 가격에서부터 시작해서 여러 조언이 고마웠다. 그런데 끝에 가서 하는 말은 "자녀분들과 의논해 보세요."였다.

옆집에 사는 것도 아니고, 성질이 급해서 생각하면 곧장 해치워야 하는 내가 어느 주말에 와줄지도 모르는 자식을 기다릴 수는 없었다. 저들도 계획에 맞춰 사는데 일이 생길 때마다 오라 가라 할 수는 더더욱 없다. 나는 무엇이든 내 힘으로 처리하고 싶을 뿐이었다.

자동차 보험이 만기가 됐다고 연락이 왔다. 보험사 여직원과 전화상담을 했다. 자차 보상 한도 등 이것저것 물어보다가 말했다.

"아직 만기일이 남았으니 생각 좀 하고 결정할게요."

"네, 그러세요. 자녀분들과 의논하시고 전화 주세요."

'이 사람 좀 봐, 내가 언제 자녀들과 의논한다고 했남?'

지금까지 들어오던 차 보험도 자녀들과 의논하라니. 전에는 못 들어 보던 소리였다.

열이 오르고 기침이 심해서 동네 병원에 다녔다.

한두 번 가면 낫던 감기가 오래간다 싶었을 때 의사는 CD와 소견서를 써 주면서 말했다.

"폐렴인 것 같습니다. 자녀분들과 의논해서 큰 병원으로 가세요."

노인이 혼자 병원에 왔으니 의사로서는 당연히 해야 할 말이었겠지. 하지만 자식 없는 노인에게는 더 외로움을 얹어주는 말이 되고 말 것이다.

나는 또 까칠한 성격이 발동했다. 꽈배기같이 배배 꼬인 생각을 했다.

'그러면 죽는 일도 자녀분들과 의논해서 하라고? 얘들아, 나 죽을까? 살까? 단도직입적으로 물어봐야겠네.'

물론 의사의 진심을 모르는 것은 아니다. 그런데 왜 그렇게 그 소리가 귀에 거슬렸을까? 아마도 내 심사가 좋지 않아서였지 싶다.

　남편 때문이었다. 끙끙 앓고 있는 내 옆에서 남편은 아무 도움이 되지 못했다. 고작 해 줄 수 있는 거라고는 누룽지를 끓여주는 일뿐. 오히려 혼자 조용히 앓고 싶다는 생각이 들 정도였다. 의식을 잃지 않은 상태이니 그 와중에도 남편의 끼니 걱정을 놓을 수가 없었다. 밥상을 차리면서도 울화가 치밀었다.

　애들이 걱정하는 전화를 하면 남편이 한다는 소리가 "오늘 병원에 다녀왔으니께 괜찮을 겨. 걱정 말어."였다.

　애들이 걱정해서 뭐 좋을 게 있으랴만, 그 소리가 그렇게 서운할 수가 없었다. 나는 아파 죽겠는데 괜찮다니…. 그래서 내 심사가 그렇게 꼬였는지 예사로 들어 넘기지 못했다. 속을 끓이고 있는 상태에서 무슨 말인들 곱게 들릴 리가 없었다. 그렇다고 나 아픈 것을 애들에게 왜 알리지 않느냐고 따지자니 유치하고 자존심이 허락하지 않았다.

　풀방구리에 쥐 드나들듯 하던 내가 톡방에도 나타나지 않고 전화도 없으니 아이들이 하나둘 모여들었다.

결국엔 며느리랑 딸이 병원 수발을 들게 됐다. 미안하기는 했지만 기분은 그때부터 풀렸다.

"자녀분들과 의논해서 하세요."

이 말을 매일 들어도 심사가 뒤틀리지 않을 것 같았다. 애들이 옆에 있으니 마음이 놓이며 든든하고 기대고 싶기까지 했다. 옛말 틀린 데 없다. 뛰어봐야 벼룩일 뿐이다. 아, 서글픈 삼종지덕이여!

가위눌리다

문창반이 방학을 했습니다. 따라서 내 생활의 모든 것이 저절로 방학에 들어갔습니다. 입만 빼구요. 입은 도리어 바빠졌습니다. 컴퓨터 앞에 앉는 대신 주전부리만 계속 찾아 먹으니까요.

'이러면 안 되는데, 컴퓨터도 새로 샀으니 글을 써야 하는데….'

머릿속을 떠나지 않는 것은 생각일 뿐이었어요.

여러 지인이 각자의 솜씨로 보내준 팔도 김치가 김치냉장고를 가득 채웠는데도 마음은 왜 아직도 심란한지 모르겠습니다. 아마도 컴퓨터 때문인 것 같습니다.

어느 해 샀는지 까마득합니다만, 사위가 용산전자상가에서 부품을 사다 조립해 준 컴퓨터죠. 장모에게 봉사할 수 있는 시간 여유가 있을 때이고, 북경에 있는 손자들과 이메일을 주고받으려고 장만한 것이었으니 얼추 20년은 되나 봅니다.

그 컴퓨터는 멀리 있는 손자들과 소식을 주고받게도 하고, 수필가로 등단도 시켜주고, 글을 모아 책을 내는 데 큰 공을 세운 일등 공신입니다. 그런 놈이 어느 때부터인가 게으름을 피우기 시작했습니다. 점점 느려지는 거예요. 최근에는 일단 켜놓고 주방에 가서 가스불에 보리차를 안쳐놓거나, 채소를 씻어놓고 온다든지, 잠깐씩 다른 일을 하고 오면 그제야 얼굴을 내밀곤 했습니다. 그러고도 금방 인터넷이 열리지 않아서 바탕화면에 깔린 스파이더나 카드 게임으로 시간을 끌던가 해야 첫인사 로그인을 할 수 있었죠.

어차피 독수리 타법으로밖에 못 치는 형편이니 저나 나나 느리기는 같다는 생각에 참고 썼답니다. 거기까지는 참아줬는데 이번에는 경기까지 일으키지 뭡니까.

모처럼 필 받아 컴퓨터 앞에 앉았습니다. 잊어버릴까 봐 혼신의 힘을 다해 자판을 두드렸습니다. 제법 신나게 글을 써 나가는데 갑자기 화면이 새까매지며 죽어버리는 게 아닙니까? 어이없어 넋 놓고 앉아 있는데 부스스 제풀에 되살아날 때도 있었습니다. 아무 일도 없었던 것처럼. 까맣게 기절한 얼굴에 냉수도 끼얹지 않았는데 말입니다.

빨리빨리 말 잘 듣는 컴퓨터로 바꾸고 싶어졌습니다. 그때부터 고민이 시작되었습니다. 기계치인 내가 잘못 다뤄서인가? 나이 먹어 조급증이 생겼나? 다른 이들의 컴퓨터도 이럴 때가 있을까? 잘만 다루면 멀쩡히 쓸 수 있는데 바꾸려고 하는 것은 아닌지…. 여러 가지 고민을 상담할 사람이 생각나지 않았어요. 만약 자식들에게 말한다면 뭐라고 할까? 겉으로는 말 못 해도 속으로는 뭐라고 할 것 같습니다.

'뭐 그리 대단한 글을 쓰신다고.'

'뭐 그리 바쁘시다고, 매일 쓰는 것도 아니면서.'

'돈 버는 일도 아닌데 거금을 들여 사시려고.'

바라는 말은 아니지만 모두 맞는 말일 겁니다.

기계도 잘 알고 또 처음 사줬던 사람이기도 한 큰사위에게 부탁해 볼까 생각해 봤어요. 그런데 이번엔 사위의 생각이 읽히는 겁니다.

'혹시 장모님이 사 드리기를 바라시나, 돈은 주시겠다고 했지만 받아도 될까.'

이런 갈등이나 부담을 주는 건 아닐까 싶었어요.

여러 가지 고충을 들은 문우들은 말했습니다.

"그냥 매장에 가서 젤 좋은 것으로 사세요. 뭘 고민하세요?"

그럴까, 하다가 이번엔 피해의식이 발동했어요. '컴치'인 걸 알고 필요 없는 기능까지 얹어 바가지를 씌우면 어쩌지 하는 생각이 든 거죠.

속 썩일 때는 당장 바꾸고 싶다가도, 내가 참지 못하는 것은 아닐까 하면서 갈팡질팡 오락가락 고민의 시간만 길어져 가던 어느 날, 큰딸이 집에 왔어요, 이때다 싶어 하소연을 하자 컴퓨터를 켜보더니,

"엄마, 이거 바꾸세요. 얘 때문에 성질 버리겠어요."

이러지 뭡니까. 얼마나 듣고 싶었던 말인지 모릅니다. 새 컴퓨터를 사주는 것보다 더 반가웠답니다. 이래서 고민은 끝났습니다. 딸이 말해서 사위가 알게 되었고 일은 일사천리로 진행돼 갔습니다. 한 달도 넘게 고민하고 앓던 일이 단 3일 만에 해결되었죠. 꽁꽁 뭉쳐놓

앗던 돈은 그대로 내 주머니에 남아있는 채로….

배달 온 새 기계를 손녀가 온종일 설치하고 옮겨주고 깔끔히 매듭지어주고 갔습니다. 새 컴퓨터는 모니터도 금방 커졌고, 켜기만 하면 손도 떼기 전에 화면이 확 켜지며 눈앞으로 다가옵니다. 깜짝 놀라면서도 기뻤습니다.

'아, 그래 바로 이거야.'

연달아 글이 쏟아질 것 같은 기분이었죠. 그런데 이게 웬일일까요. 커다란 모니터가 낯설고, 크기로 기를 죽이려는 듯 기선 제압을 하는 것 같고, 먼저 쓰던 자판은 검정 바탕에 흰 글자여서 훨씬 선명했는데 새로 온 흰색 자판의 회색 글자는 흐릿하고 낯설었어요. 깨끗하고 우아하기는 하지만 내 손가락은 우왕좌왕 헤매기만 했습니다.

새 컴퓨터는 새 컴퓨터대로 나를 놀리거나 윽박지르고, 미처 치우지 못하고 구석에 밀어둔 헌 컴퓨터는 등 뒤에서 노려봅니다.

'네가 얼마나 글을 잘 써대나 지켜보겠어.'

'거 봐, 거 봐, 그럴 줄 알았어. 매일 새 컴퓨터 앞에

서 살 것처럼 굴더니 컴퓨터 방엔 며칠 만에 온 거냐? 쯧.'

새 컴퓨터를 만났을 때의 신선한 기쁨도 잠시, 지금은 정말 가위눌립니다.

새끼님들께 告함

나는 어머니 얼굴을 기억하지 못한다. 그러니 따뜻했던 엄마의 품속은 더구나 알 리 없다. 어른들이 간간이 얘기를 들려 줄 때에는 그랬던 것 같기도 하고 할 뿐, 어슴푸레하나마 떠오르는 모습이 없다.

내가 여학교에 들어갔을 때는 동란 직후여서 모든 물자가 귀할 때였다. 미군 사지 와이셔츠를 염색해서 뒤집어 교복을 지어 입었다. 와이셔츠의 주머니를 떼어낸 자리는 짜깁기도 아닌, 지그재그로 마무리한 흉터가 오른쪽 가슴에 남아 있었다. 남들처럼 양장점에서 맞춰 입는 멋진 교복이 부러웠다. 새 교복, 충분한 참고서, 풍족한 소풍 도시락⋯ 미래의 내 아이들에게 해줘야 할 일을 차곡차곡 가슴에 쌓았다.

네 아이의 엄마가 되었을 때 내가 꿈꾸던 엄마가 되려고 부단히 노력했다. 욕심껏 예뻐하고, 욕심껏 자랑스럽게, 극성맞다 할 만큼 정성을 들였다. 늘 또래에서 뒤지지 않게 살폈다. 소풍날이면 어렵게 구해서라도 병사이다가 아닌 미제 세븐업 캔으로 배낭을 가볍게 꾸려 보냈다. 교복은 두 벌씩 맞춰서 갈아입게 해 주고 무리해서라도 피아노, 미술, 수영을 가르쳤다. 내가 못 했던 것, 부러워했던 모든 것을 우리 아이들에게 해주며 난 흡족해했다.

지나고 보니 그 모두가 나를 위한 것이 아니었나 싶다. 아이들 의사와는 상관없이….

어느 날 문득 '나는 내 아이들에게 어떤 모습으로 남는 엄마가 될까.' 궁금했다. 가족 방에 톡을 올렸다.

"새끼님들께 告함. '엄마' 하면 생각나는 단어나 말이 있으면 간단히 써 볼 것."

득달같이 한 건이 올라왔다. 큰며느리가 역시 일등으로 '배움, 부침개'.

작은딸은 '친구들이 부러워하는 엄마, 끊임없는 학구열'.

큰딸은 '측은함. 애 넷을 키우느라 고생 고생한 때가 30대라니…. 그때의 엄마가 안쓰러워.', '80이 넘었어도 퍼 줄 게 많고 많은 울 엄마, 맛난 거 멋진 것에 무한 사랑은 기본!'

이 정도로 엄마를 기억해 준다면 그런대로 만족이다. 그런데 아들 둘은 하루가 지났는데도 아무 말이 없다. 좋은 말만 기대했던 것은 아닌데, '엄마' 하면 떠오르는 단어가 무엇이기에 차마 못 쓰는 걸까? 나는 내 아이들에게 항상 품이 넓고 따뜻한 엄마로 기억되고 싶었는데 욕심이 컸나 보다. 시무룩한 마음으로 일어서는데 "카톡!" 잽싸게 폰을 열었다.

아니 이럴 수가! 아들 둘이 이구동성으로 올린 말은 '무서운 엄마'였다. 머리를 세게 얻어맞은 것처럼 띵했다. 그랬구나. 그래서 이틀 동안 못 올리다가 용기를 낸 거였어. 그것도 한 녀석이 '무서운'이라고 올리니 또 한 녀석은 그 글에 'me too'란다.

그럴 수도 있겠다. 사람의 기억은 다 제각각이니까. 아들들은 엄마가 무섭다고 기억한다. 생각해 보니 무서운 엄마 맞다. 최선을 다하고 사랑을 듬뿍 주었지만 무조건이지는 않았다. 매를 많이 들었다. 언제나 너그러운 아빠 대신 악역은 모두 내 몫이었다. 아이들이 모이면 우스개로 하는 소리가 있다. '안 먹으면 너만 손해'라는 말이 가훈 아닌 가훈이란다. 아이들이 반찬 투정을 하거나 골이 나 밥을 안 먹어도 달래는 대신 단호한 태도를 보인 엄마였다는 것이다.

한 번 '안 된다' 하면 끝까지 안 되는 것이었으니 무서운 엄마였을 터이고, 있는 힘껏 최고로 뒷바라지하는 대신 스스로 열심히 잘하기를 바라는 엄마였으니 엄마의 잔소리는 끝도 없다고 생각했을지 모른다. 게다가 느물거리는 녀석들에게는 잔소리가 두 배로 더해졌을테니 그럴 만도 했겠다. 머리로는 이해하면서도 서운한 마음이 찌꺼기처럼 남는다.

그러나 새끼님들께 告한다.

뭐든지 다 해주고 싶은 마음에 미치지 못하는 내 능력탓에 몸도 마음도 버거운 시절이었다. 끝없는 잔소리를하게 할 만큼 엄마를 애먹이는 날들로 힘들던 시절이었다. 어머니의 얼굴도 기억하지 못하는 내가 정말 열심히 '좋은 엄마'가 되려고 애썼던 시절이었다.

다시 한번 가족 톡방에 이렇게 올려야겠다.

'엄마는 우리를 사랑한다.'에 반대하는 사람은 발 들라고….

구피 산부인과

거실에서 잘 보이는 어항에서 구피들이 활기차게 돌아다니고 있다. 노는 모습을 가만히 보고 있으면 재미있고 예쁘다.

3년 전 동생네서 구피 여섯 마리를 분양받아 왔다. 큰 놈이 손가락 한 마디 정도였다. 부채 모양으로 펼쳐진 꼬리에 빨간색이나 검은색에 흰 줄무늬가 있어 멋있었다. 활짝 핀 꼬리를 살랑대며 헤엄쳐 다니는 모습이 심심치 않고 볼 만했다. 어느새 어항 앞에서 구피가 노는 모습을 보는 시간이 늘어났다. 구피를 보면 반려식물이라는 말 못지않게 반려 관상어라는 말도 어울리겠다 싶었다.

오륙 개월쯤 지났을까. 배가 불룩한 놈들이 눈에 띄었

다. 먹이를 너무 많이 먹였나 걱정스러워 검색해 보니 새끼를 낳을 징조란다. 내 상식으로는 어류魚類는 알을 낳아 번식하는 줄로 알았는데, 구피는 알을 거치지 않고 직접 새끼를 낳는다는 것이다.

하루 이틀 기다려도 새끼는 보이지 않는데 구피의 배는 홀쭉해져 있었다. 그제야 새끼들을 분리해 놓지 않으면 큰 녀석들이 잡아먹는다는 것도 알게 되었다. 그때부터 작은 어항에 배불뚝이를 옮겨 산실을 만들었더니 순식간에 먼지 같은 까만 점들이 수십 개가 물속에서 돌아다니는 게 보였다. 너무 작아 셀 수도 없었다. 어미는 곧바로 꺼내서 큰 어항으로 옮겼다. 혹시 제 새끼도 잡아먹을지 몰라서다.

스무 마리도 넘는 까만 점 같은 새끼들은 무럭무럭 잘 자랐다. 먹이를 잘게 부수어 뿌려주면 순식간에 먹으며 차츰 구피 꼴이 되면서 커갔다.

그 후론 구피들이 배가 불룩해지면 산실을 만들어 안전하게 새끼를 낳게 해 주었다. 처음에는 좁쌀보다도 작았던 새끼들이 자라는 게 신기하기도 하고 재미있었다.

그런데 두세 마리가 수십 마리씩 낳기 시작하니 그때부터 일이 커졌다. 어항이 좁아 다시 또 어항을 사야 했다. 자꾸만 늘어나는 구피 가족 때문에 특단의 조치로 사위에게도 분양해 주고, 큰며느리에게도 억지 분양을 보냈는데도 백여 마리나 되었다. 물 갈아 주기도 너무 힘들었다.

　오래전 수술한 척추가 다시 트집을 잡으려는지 화초에 물만 주고 나도 허리가 끊어질 듯 아팠다. 말 못 하는 화초와 구피들은 오로지 나만 믿고 사는 녀석들이다. 잘 보살펴야 한다는 책임감이 커져 압박감까지 느껴졌다.

　결국 '구피 산부인과'를 폐업하고 산아제한에 들어갔다. 그러나 이번엔 마음이 불편했다. 무리 속에서 새끼를 낳으면 다른 놈들이 잡아먹는다는 것을 알면서도 산실을 만들지 않았으니 죄를 짓는 것만 같았다.

　고민 끝에 중고 거래 앱 '당근'에 무료 분양하겠다는 글을 올렸다. 그날 밤 예상하지 못했던 일이 생겼다. 하룻밤 사이에 이유 없이 십여 마리가 떼로 죽은 것이다. 마치 목숨을 걸고 제 가족을 버리지 말라고 간곡한 마음을 전하는 것 같아서 마음이 아팠다. 당근에 올린 글을 당장 내렸다. 목숨까지 내놓으면서 가족을 지키려 했던 구피의 죽음을 헛되지 않게 보살펴야겠다는 생각이 들었다.

손녀는 할머니가 이제는 구피와도 소통하는 신통력이 생겼다고 놀렸다. 주위에서는 더 이상 식구를 늘이지 말고 산실 폐지를 권하지만 배불뚝이들이 안전히 새끼 낳을 자리를 찾아 물속을 헤매는 모습을 차마 외면할 수가 없었다.

내가 이렇게 마음의 갈등을 겪으며 결심을 굳혀가고 있을 때 충격적인 신문 기사가 났다.

남미가 고향인 열대어 구피가 경기도 이천 죽당천 상류 하천가에 30~40마리씩 몰려 헤엄치고 있다는 것이다. 기사와 더불어 치어들을 찍은 사진까지 올렸다. 울산 남구 여천에서도 구피 떼가 보인다고 했다. 관상용으로 키우다 버려진 구피들이 공업용 방수와 생활하수로 따뜻해신 물에서 살고 있다고 한다. 구피는 22~28도 따뜻한 물에서만 살 수 있는 열대어이다.

예쁘다고 사다가 기르다 보니 개체 수가 늘어나 감

당하기 힘들어서 방류했을 것으로 추측된다. 예쁘다고 데려올 때는 언제고, 죽을 것을 뻔히 알면서도 버리다니…. 버리는 사람은 '부모도 내치는 세상인데 그깟 구피쯤이야'라고 가볍게 생각했을까? 섬뜩한 생각이 번개처럼 스쳐 지나갔다. 사람으로서는 도저히 못할 노릇이다.

생태계 교란에 대한 우려가 크다. 관상어 무단 방류는 동물보호법 위반으로 적발되면 상당한 벌금을 물어야 한다. 나도 공범을 벗어나지 못할 뻔했다. 들만 낳아 잘 기르자던 옛날 전봇대에 붙여졌던 표어를 구실 삼아 산아제한 및 산부인과 폐쇄를 했더라면 말이다.

갈등을 겪을 때 내 생각을 바로잡아주고 떠난 열한 마리의 구피들. 그런 이유로 우리 구피 산부인과는 오늘도 여전히 성업 중이다.

누가 먹었을까

그가 김칫국을 끓이겠다고 했다. 멸치 육수가 아닌 맹물에 끓이면 시원할 것 같다며 해 보겠단다.

남편이 유일하게 잘할 수 있는 요리 재료는 꽁치 통조림이다. 김치 잎에 통조림 꽁치를 돌돌 말아 찜 비슷한 찌개를 끓이거나 감자를 밑에 깔고 졸이기도 한다. 그런데 이제 새로운 메뉴에 도전해 보려는 것 같았다. 그렇다면 나는 시간을 벌었으니 하던 일을 마무리할 수 있겠구나 싶어 잠자코 있었다. 손녀 생일 선물로 보조 가방을 만드는 중이었다.

"김치를 잘게 썰어야 하는데 손에 다 묻겠네."

은근히 내게 도움을 청하는 말투였다.

'앓느니 죽지.'

속으론 투덜거리며 한껏 상냥하게 조언했다.

"비닐장갑을 끼고 가위로 잘게 자르세요."

잠시 후 김칫국이 끓는지 그럴싸한 냄새가 풍겨오기 시작했다. 시간을 번 덕에 가방에 손녀 이름 수놓는 일까지 끝맺을 수 있었다.

남편의 신메뉴 개발은 완전 실패였다. 멸치도 기름도 새우젓도 넣지 않고 맹물에 끓인 김칫국은 밍밍하기만 했다. 그러나 나는 그런 때일수록 그에게 자신감을 주어야 했다.

"어머, 새로운 맛이네. 시원해요."

"그래? 이건 내가 생각했던 맛이 아냐. 역시 당신이 끓이는 김칫국이 낫네."

실망한 그는 시무룩하게 대답했다.

"밥을 국에 말아 김을 얹어 잡수세요. 괜찮구면, 뭘…."

맛있게 먹어줘야 용기를 주어 다음에도 그를 조리대 앞에 세울 수 있기 때문이다.

사실 맛이 중요한 건 아니다. 내가 밥하기 귀찮아할 때 남편이 가끔 라면이라도 끓여주면 그렇게 행복할 수가 없다. 꽁치요리가 짜든 맵든 나는 필요 이상으로 쩝쩝거리며 먹곤 한다. 시간도 벌고, 남편이 나를 위해서 만들었다는 것이 흐뭇해서다.

평생 자기를 위해서 밥을 짓는 아내에게 고맙다거나 행복을 느끼는 남편들이 세상에 몇이나 될까?

김칫국은 송송 잘게 썬 것과는 거리가 먼 썩둑썩둑 자른 김치 건더기가 많기도 했다. 건더기 하나 남기지 않고 국 대접을 비웠다. 과식했나 싶게 먹었다. 차를 마신 후 설거지까지 셰프에게 떠맡길 수 없어서 앞치마를 둘렀다. 고무장갑을 찾아 꼈다. 평생을 장갑 없이 일을 했는데 요즈음 손톱 밑이 갈라져서 장갑을 쓰기 시작했다. 나는 고무장갑이 서툴다. 장갑을 싱크대에 걸쳐놓고도 물속에 맨손을 먼저 넣기가 일쑤다.

냄비에 남아있는 건더기는 남편 눈치를 흘끗 본 후 음식 쓰레기봉투에 잽싸게 버리고 그릇들을 싱크대에 모아 놓았다. 그리고 물을 틀고 손을 넣는 순간 장갑 속으로 물이 왈칵 들어오는 게 아닌가, 새로 산 장갑인데 왜 그렇지? 하며 손을 들어보니 둘째와 셋째 손가락 끝이 콩알만 하게 뽕 뚫려 있는 게 아닌가. 이상했다. 고무가

얇게 닳아져 생긴 구멍이 아니었다. 가장자리가 너무도 깔끔하게 뚫려 있었다.

짚이는 게 있어서 그에게 곱지 않은 소리로 물었다.

"여봇! 당신 김치 자를 때 뭐 끼고 했어요?"

"싱크대에 있는 장갑 끼고 했지, 왜? 당신이 장갑 끼고 하랬잖아."

"웩! 웩!"

순간 구역질이 났다. 그가 서랍 속에 있는 비닐장갑을 알 리가 없었다. 당연히 옆에 걸쳐있는 고무장갑만 보였겠지. 비닐과 고무의 차이도 구별할 줄 모르는 남자에게 너무 어려운 말을 한 내 잘못이 크다.

장갑 끝 두 조각을 누가 먹었을까?

남편? 아니면 나? 둘 중에 한 사람인 것은 분명했다. 나는 이물질을 느끼지 못했다. 내가 아니어서 다행이라고 하기에는 너무 얌체 심보이고. 제발 음식 쓰레기봉투에 버린 김치 건더기 속에 들어 있었기를 바랐다.

행여 소화가 안 된 고무 조각이 내 위 속에서 빙빙 돌고 있다는 생각이 들면 지금도 구역질이 난다.

"웩! 웩!"

다시 받은 운전 교육

자동차로 양재동 꽃시장 앞을 지나려면 참을성이 필요하다. 반대편에서 올 때도 마찬가지다, 지하차도 진입 부분부터 어렵다. 무슨 공사가 몇 년째 이어지는지, 곧 끝나는가 싶으면 또 파헤치고 하니 이제는 무슨 공사인지조차 관심이 없다. 그 길을 지날 생각을 하면 차 운전을 해서 나갈 용기가 안 난다. 밀리면 밀리는 대로 앞차 뒤를 따라가면 좋으련만 성질은 왜들 그리 급한지, 조금만 틈이 보이면 차 머리부터 들이밀고 본다.

'그렇게 급하면 어제부터 나올 것이지, 미친 것들.'

욕이 저절로 튀어나온다. 자신도 깜짝 놀란 만큼 입이 거칠어진다. 평소엔 조신하다는 평을 듣는 나도 운전대를 잡는 순간 '조폭'이 된다.

그날은 더 밀려서 주차장을 방불케 했다. 선릉역에서 집으로 가는 길이었다. 두 번째 차선에서 앞차의 움직임만 지켜보고 있는데 갑자기 차 한 대가 나타나 내 옆에 붙어 섰다. 끼어들려는 심산인 것 같았다.

'어림도 없지.'

끼어 주고 싶은 너그러운 마음이 생기지 않았다. 저것들은 틈을 내어 끼어 줘도 고마운 줄을 모른다. 여자니까 서툴러서, 제가 운전을 잘해서 들어온 줄 아는 것 같아 얄미워서 나는 잘 끼어 주지 않는 편이다. 남편에게 늘 지적받는 점이기도 하다. 고맙다고 등을 깜박여주는 예의 바른 차도 더러 있다. 열에 한두 대쯤 될까.

앞차가 움직였다. 나도 재빨리 액셀에 발을 얹고 지그시 밟았다. 순간 오른쪽에서 '타닥' 하는 둔탁한 소리가 났다. 깜짝 놀라 쳐다보니 오른쪽 백미러가 접혀 있는 게 아닌가.

둘러보니 좀 전의 그 차가 바로 내 옆구리에 서 있었다. 선팅된 차 유리 때문에 운전자 얼굴이 잘 보이지 않았다.

'저게 미쳤나.'

그 차가 내 차를 건드린 것이라 생각했다. 차에서 내려 따질까? 말까? 머리를 굴려 가며 손으로는 백미러 스위치를 누르니 정상으로 펴졌다. 진정하고 생각해 보니 내 차 미러가 접혔다는 것은 내가 그 차의 미러를 건드렸기 때문이었다. 좀 전에 났던 화가 순간 겁으로 바뀌었다.

재빨리 뒤차 백미러를 살폈다. 괜찮았다. 운전자를 살펴봤다. 남자인 것 같은데 고개를 숙이고 뭔가 하고 있었다.

'어, 신고하려고 전화를?'

가슴이 덜컥 내려앉았다. 차가 이렇게 서 있는데 내리거나 나를 노려보는 기색도 없었다. 어쩌지, 어쩔까, 하는 중에 또 차들이 움직였다. 그 차는 더는 끼어들 생각을 하지 않는 듯 내 뒤에 바짝 붙어서 따라왔다.

일단 복잡한 길을 벗어난 뒤에 내 차를 세워 따지려고 그러나. 저러다 내가 먼저 말을 걸지 않으면 뺑소니로 신고할지도 모른다. 길가에 차를 세우고 내려가 먼저 미안하다고 할까. 아니면 복잡한 길에서 무리하게 끼어들면 어떡하냐고 큰소리부터 칠까. 뒤따르는 차 때문에 앞에 신경 쓸 여유가 없었다. 벌렁벌렁 심장이 뛰어 옷섶까지 들썩였다. 양재동을 벗어나 코스트코 앞을 지나는데도 그 차는 내 뒤를 따라왔다. 다른 차들이 끼어 있어 안심하다가 돌아보면 또 뒤에 서 있곤 했다. 내게 시비를 걸려는 게 영락없다 싶었다.

핸들을 쥔 손이 축축하게 젖었다. 어쩌면 좋지? 이젠 떨리기까지 했다. 이런 때 누구라도 같이 있으면 겁이 덜 날 텐데….

물어 줄 때 물어 주더라도 처음부터 저자세로 나가면 안 된다고들 했다. 내 잘못은 아니다. 끼어들 틈을 내주지 않은 것뿐이지 않은가. 그런데 나는 싸움에 약하다. 싸울 일이 생기면 몸은 사시나무 떨듯 떨리고 말은 더더거리며 뒤엉켜버려 제풀에 울고 만다. 내가 이렇게 말했으면 상대가 꼼짝 못 했을 텐데, 하는 생각은 상황이 종료된 지 한참 지난 뒤에야 난다.

저 차는 왜 저렇게 따라오는 거야. 내가 나이 많은 여자인 걸 알아봤는지도 모른다. 으름장을 놓으면서 터무니없는 돈을 뜯어내려고 할지도 모른다.

대공원 쪽 외곽도로로 좌회전하고 다시 뒤를 살폈다.

안 보였다. 뒤에도 그 뒤에도 없다. 그 차는 과천 시내 쪽으로 빠진 것 같았다. 후유. 그제야 긴장을 풀고 보니 등줄기가 서늘하게 식은땀으로 젖어 있었다.

혹시 신고했을까 봐 그 후 이삼일은 편히 발을 뻗고 잠도 못 잤다.

집에 와서도 남편에게 아무 말도 안 했다. 그런 말을 하면 그의 입에서 나올 말이 뻔하기 때문이다.

"거봐, 당신 언젠가 한번은 혼날 줄 알았어. 다 좋은 데 그게 흠이여, 왜 그렇게 양보 운전을 안 하는 겨."

운전 교육을 다시 받은 기분이다.

콩가루 구급약

아직도 문득문득 서운함이 솟는다. 우선이가 성탄 휴가를 받아 귀국했었다. 이삼일이거니 했는데 닷새 동안이나 있었다. 우선이는 쌍둥이 손자 중 1분 먼저 나온 우리 집 장손자다. 직장이 홍콩에 있어서 혼자 나가 있는 게 항상 짠하다.

"할머니, 저 휴가 왔어요, 찾아뵐게요."

방금 도착했다며 공항에서 전화했다.

전화할 때만 해도 일정표에 우리를 만나는 계획이 분명 들어 있었을 것이다. 학교 다닐 때도 늘 그랬으니까. 방학해서 들어왔다고 공항에서 전화했고, 할아버지 좋아하신다고 유명 제과점 카스텔라도 잊지 않고 사 오는 손자. 한 끼라도 할머니 밥을 꼭 먹어주고 가는 손자였으니까.

오랜만에 만난 친구들과 어울리랴, 자나 깨나 보고 싶었던 여친과 데이트하랴, 시간은 속절없이 흘렀을 거고 내일, 내일 미루다가 그만 기회를 놓쳤겠지.

그러면서도 숙제하지 못한 것처럼 마음은 편치 않았을 것이다. 홍콩으로 돌아갈 때도, 도착한 후에도 전화는 아니더라도 카톡에 메시지 한 줄 없는 것을 보면 죄송해서 그럴 거라는 것도 알고 있다. 사내 녀석이 숫기가 없어서 얼렁뚱땅 수습할 줄을 모른다.

떠나기 전날 우리를 만날 기회는 있었다. 판교 큰딸네서 만두 파티를 하던 날, 4시부터 모여 만두를 빚어 먹기로 했기 때문에 느지막이 집에서 나섰다. 그런데 가는 도중 아들이 전화했다.

"엄마, 어디쯤 오세요?"

"인덕원인데, 왜?"

"우선이가 할아버지 뵙는다고 같이 왔는데, 강남역에서 약속이 있대요. 어쩌죠?"

울화가 치밀었다. 곱지 않게 말이 나갔다.

"미리 전화하지 그랬어? 하는 수 없지, 그냥 가보라고 해라."

간첩 접선하듯이라도 얼굴을 볼 수 있었던 기회마저 놓쳤다. 미리 전화만 했어도 될 일을 그 지경으로 만들어 속상했다. 저들 생각은 만두를 빚으려면 당연히 내가 일찍 와 있으려니 생각했던 것 같다.

이리저리 그 입장을 헤아려 이해해 보려고 노력했지만, 그래도 자꾸 섭섭함이 생겨 소외감으로 번졌다. 이런 생각이 자칫 엉뚱한 곳으로 비약하면, 더욱 초라해지는 건 늙은 우리뿐이다. 손자바라기인 남편은 마음이 상할 만큼 서운해했다. 나 역시 같은 마음이지만 그를 다독였다. A형인 그가 스트레스를 받으면 그와 함께 살고 있는 질병에게 일어나라고 부채질을 하는 격이기 때문이다.

"자식은 부모를 보고 자라쥬?"

"그러니까 우선이는 제 부모를 보고 자랐쥬?"

"그 애비는 우리를 보고 자란 거잖유?"

"본디 없이 자랐다고 말하고 싶지만 그것은 누워서 침 뱉기유."

"결론은 우리 탓이 됩니다. 안 그류?"

충청도 출신 개그우먼 흉내까지 내가며 능쳐 말했다.

"당신 말 듣고 보니 틀린 말 아니네, 그래 알았어."

그렇게 해서 넘어간 듯했지만 그래도 남은 찌꺼기는 진드기처럼 붙어 떨어질 줄 모른다.

콩가루 역설 강의가 생각난다. 콩가루 예찬론이라고 할까.

흔히들 부모 형제간에 불화가 잦은 집은 '콩가루 집 안'이라 하고, 반대로 의가 좋은 표현은 '찰떡궁합'이라고 한다.

찰떡은 친화력이 강해서 붙으면 떨어질 줄 모른다. 반대로 콩가루는 붙는 것을 방지해주는 역할을 한다. 인절미에 콩가루를 무치는 이유가 된다.

'콩가루'란 말은 비하의 의미가 아닌 현대인의 바람직한 관계를 나타내는 단어가 돼가고 있다.

모든 불화는 찰떡의 구심력과 콩가루의 원심력 사이에서 일어나는 것은 아닐까?

그러고 보니 내가 언제부턴가 찰떡이 되어 있다. 분명 젊었을 때는 콩가루였을 텐데…. 찰기가 좋은 찰떡 때문에 고민이 많았을, 내게 붙어 있는 나의 콩가루들에게 미안하다.

협심증 때문에 '니트로글리세린'을 구급약으로 늘 지니고 다닌다. 다음부터는 머리에 입력하고 다닐 상비약을 하나 더 추가하기로 했다. 서운해지려는 기미가 보이면 지체 없이 콩가루를 머릿속에서 꺼내 가슴에다 뿌릴 것이다. 그 빠르기는 글리세린을 혀 밑에 넣는 속도와 같거나 더 빨라야 한다.

혹시 나처럼 자식들에게 집착하는 분이 있다면 콩가루를 구급약으로 쓰시면 어떠실까요?

누구 땜에 생긴 병인디

벚꽃이 구름같이 하얗게 피었다. 봄이 중턱을 넘어서고 있다는 걸 느낀다. 겨우내 밥상에서 효도하던 김장 김치가 갑자기 군내가 나는 듯도 하고 신 것 같아서 트집을 잡고 싶어진다. 파릇한 풋김치가 구미에 당긴다.

남편의 입맛이 요즘 들어 부쩍 까다로워졌다. 툭하면 짜다느니 달다느니 잔소리가 심하다. 수십 년 쌓은 내 손맛의 자신감을 한순간에 무너지게 만드는 말이다. 밥그릇을 탁 빼앗아 버리고 싶을 때가 한두 번이 아니다. 차마 실행에 옮기지는 못하지만.

그래도 본연의 의무를 소홀히 할 수 없어 오늘도 마트에 들렀다. 열무와 얼갈이를 섞어 국물 자박한 풋김치를 담을 요량이었다. 남편이 겉절이처럼 금방 버무린 것을 좋아하니까 저녁 식탁엔 점수 좀 딸 수도 있겠다 싶었다. 포터를 자청하고 따라나선 남편을 흘끔 보니 그도 구미가 당기는 듯한 표정이었다.

연해 보이는 일산 열무랑 얼갈이를 한 단씩 카트에 실었다. 쪽파 코너로 갔다. 흙 쪽파 한 단에 이천오백 원, 싱싱하고 뿌리 쪽도 단단하게 영글었다. 한 주먹만 있으면 되는데 한 단은 너무 많았다. '저걸 언제 다듬지?' 하며 건너편 코너로 갔다. 깐 쪽파 한 단이 천육백 원이다. 그만큼이면 김치는 너끈히 담겠는데 흙 쪽파의 반의반쯤이나 될까. 다시 돌아섰다. 흙 쪽파 앞에서 한참을 생각한다.

'저걸 사다 다듬으면 김치도 담고, 파전도 할 수 있고, 파강회까지 먹을 수 있을 텐데. 다듬자면 시간이 꽤 걸리겠지.'

시간 아까운 생각에 또 깐 쪽파 쪽으로 몸을 돌렸다.

'그래, 편하게 살자.'

한 줌밖에 안 되는 파를 집어 들었다. 뿌리 쪽에 삐져나온 대궁이 보였다. 아무래도 다듬은 지 꽤 된 것 같았다. 마음이 다시 뒤쪽으로 당겼다.

'에라, 싱싱하지도 않은걸, 내 몸 조금 더 움직이고 시간 투자하자.'

흙 쪽파 한 단을 집어넣었다.

슬쩍 옆 눈으로 그를 훔쳐보니 눈꼬리가 꼬부장해졌다.

서두르는 척 이번엔 마늘 쪽으로 향했다. 깐 마늘과 통마늘, 다진 마늘 사이에서 갈등을 느꼈다. 마음은 다진 마늘 쪽으로 가지만 깐 마늘만도 과분했다. 깐 마늘 한 망을 집어넣다가 통마늘 쪽으로 눈이 갔다. 저걸 사다 까면 곱절은 아니더라도 많이 쓸 수 있는 양이 나올 텐데. 다시 바꿔 넣었다. 돌아서 몇 걸음 옮기다 갑자기 멈춰 섰다. 잘못하면 겉은 멀쩡해 보여도 속은 썩었을지도 모른다는 생각이 들었다. 껍질 벗기랴 시간 걸리고 또 일반쓰레기도 만만찮게 나올 텐데. 옛날 생각이 잠시 스쳤다. 제철에 사서 몇 접씩 매달아 저장해 놓고 먹었는데 아파트는 통풍이 잘 안 돼선지 겨울도 나기 전에 곯아버리기 일쑤였다. 다시 깐 마늘로 바꿔 넣고 미련 없이 그 자리를 떠났다.

몇 번이나 넣었다 바꿨다 하느라 수월찮은 시간이 지

났다.

아무 말 없이 카트를 밀며 따라오던 남편이 그예 한 마디 던졌다.

"당신은 그게 병이여, 쉬운 쪽으로 결정하면 될 걸 뭘 그렇게 망설이는 겨."

하지만 나도 지지 않고 속으로 대거리를 한다.

'누가 그걸 모르남? 그려, 이게 누구 땜에 생긴 병인디, 돈만 많이 쥐어줘 봐, 나도 편한 게 좋구먼.'

비록 입 밖으로 내보내지는 못하지만 속으로 꿍얼거린다.

나도 병인 걸 잘 안다. 그러나 편한 쪽으로 쉽게 결정하지 못하는 건 따지고 보면 내 탓만도 아니지 않은가. 옛날에 식구가 많을 때는 발품을 팔아가며 값싸고 양이 많은 물건을 찾아다녔다. 그런 절약이 몸에 배다 보니 고칠 수 없는 병처럼 돼버렸다. 이런 습관은 나뿐만이 아닐 것이다. 여자들은 대부분 그렇지 않을까? 어쩔 수 없는 본래의 모습인 것처럼.

그러고 보니 꼭 돈 때문만은 아니라는 생각도 든다. 이제는 단출하게 살아 양보다 질이 앞서야 하지만 아직도 나는 그 시절을 살고 있다. 그 때문에 남편에게 가끔 핀잔을 듣기도 한다.

그러나 이런 퉁박이 자기 때문에 생긴 내 버릇이 짠해서 그런다는 것쯤은 나도 알고 있다.

난 이제 그 옛날에서 벗어나 남편의 마음도 헤아리며 달콤한 여유를 즐기며 살려고 힘쓸 것이다.

흙 묻은 쪽파를 다듬고 마늘 껍질 벗기는 시간은 이제 과거로 보내고, 그 시간에 내가 하고 싶은 일 한 가지라도 더 해보겠다. 당장 머릿속에 떠오르는 것만도 몇 가지가 넘는다. 책 한 줄 더 읽기, 글씨 한 번 더 쓰기, 원고 한 번 더 들여다보기, 그보다 남편하고 차 한잔하는 여유를 우선순위로 놓아야겠다. 옛날에 절약, 절약하면서 종종걸음쳤던 것도 이런 날을 위해서가 아니었나.

다음번에 마트에 가면 달라질 수 있을까? 잘 되겠지?

세 번의 고비

내게는 전설 같은 이야기가 있다. 아니, 사건이 몇 가지 있다. 그것은 세상을 처음 만난 날부터 시작되었다. 어른들이 안 계신 지금은 아무에게도 다시 들을 수 없는 아득한 이야기.

난산 끝에 세상 밖에 나왔을 때 나는 울지도 못했다고 했다. 산문産門에 오랜 시간 머물러 있어 질식한 얼굴은 새카만 오지그릇 빛이었고, 바닥으로 떨어지는 바람에 부딪혀 입은 돼지주둥이를 방불케 할 만큼 튀어나왔더라다. 잘못된 줄 알고 윗목에 밀쳐두었다고 했다.

한참 후에야 아기가 울음을 터트렸고, 얼마 후 부기가 빠지자 뽀얀 얼굴이 천사 같았다고 했다.

어른들에게 들은 이야기지만, 자라면서는 신기할 정

도로 기억에 생생한 사건 두세 가지가 있다.

서너 살 적 일이다. 내가 기억하는 것인지 어른들이 그때의 일을 자주 이야기하는 걸 듣고 기억하는지는 확실치 않지만 생생하게 남아 있다.

그때 우리 집에는 나를 돌보는 언니가 있었다. 시골에 사는 먼 친척인데 입 하나 덜려고 맡겨진 처녀였다. 나는 늘 그 언니 등에 업혀 지냈다. 엄마는 재봉틀 앞에서 일하셨고 증조할머니와 할머니는 텃밭에 나가셨는지 보이지 않았다. 사택 뒤란에는 꽤 넓은 텃밭이 있었던 것 같다. 어머니는 바느질 솜씨가 좋아서 남의 집 혼수 바느질을 맡아 하셨다고 했다. 삼층장 안에는 고운 옷감들이 가득했다. 돈벌이가 괜찮았던지 가족 나들이도 자주 했지만, 도둑이 들어 비단 옷감을 몽땅 훔쳐 가는 바람에 아버지의 월급을 축낸 일도 있었다고 했다.

언니는 나를 업고 서성이다가 마루와 부엌 사이에 있는 다락에 눈이 갔다. 무엇이 들어 있는지 궁금했는데 아무도 없는 참에 열어보기로 했다.

큰 기대는 하지 않았지만 조금은 실망이었다. 제기 상자, 마른 그릇, 자주 꺼내 쓰지 않는 물건들이 어지럽게 널려 있었다. 흥미를 잃어 문을 닫으려는 순간 그릇 사이에 놓여 있는 빵이 눈에 띄었다. 그걸 집었다. 한입 베어 물고 한쪽을 떼어 등 뒤 나에게도 주었다.

말라빠지고 굳은 빵은 맛이 없었다. 얼마나 먹었는지는 기억나지 않는다. 밭에서 돌아오신 할머니 품에 달려들어 안기는 내게서 이상한 냄새가 확 풍겼다고 했다.

"이게 뭔 냄새랴? 애기 입에 묻은 이 가루들은 뭐냐?"

"다락에 빵이 있길래 줬더니 딱딱해선지 잘 안 먹네유."

"뭐여? 이년이, 너도 먹었니?"

"예, 저두 쪼금 먹다 말었슈….."

언니는 사태가 심상찮음을 느꼈는지 기어 들어가는 목소리로 대답했다.

집 안이 발칵 뒤집혔다. 쥐약을 묻혀 놓은 빵이었던 것이다. 엄마는 나를 업고, 할머니는 옆에서 아이 동태를 살피며 도립병원으로 정신없이 뛰었다. 엄마는 달리면서도 연신 할머니께 여쭈었다.

"어머님, 애 워떡허구 있슈?.

"괜찮다, 그냥 엎드려 있구나, 빨리 가자."

병원에 도착. 응급실이었을 것이다. 지금도 어렴풋이 생각난다. 내 목 안으로 깊숙이 들어간 호스에 커다란 유리 주전자로 물을 붓던 하얀 가운을 입은 그 사람이. 아프고 무서워서 목청껏 울어야 하는데 소리는 나오지 않고 있는 힘을 다해 몸부림쳤다. 그럴수록 어른들은 힘껏 내 몸을 찍어 눌러서 목보다 몸이 더 아팠다.

치사량이 아니어서 그나마 다행이었다며 엄마와 할머니는 집으로 오는 내내 나를 쳐다보시며 혀를 끌끌 차셨다. 그 언니는 증조할머니가 녹두를 갈아 먹이고 토하게 하는 민간요법으로 해독 치료를 했다.

만약 할머니가 쥐약 냄새를 맡지 못했더라면 어찌 되었을까? 아니, 그 빵을 한 입만 더 먹었더라면 또 어찌 되었을까? 지금 생각해도 눈앞이 캄캄해진다.

아홉 살 때의 기억은 아주 생생하다.

비 오는 어느 날 홈통을 타고 내려오는 물이 맑았다. 처마 끝 토방에 앉아 발에 물을 맞으며 물장난에 빠졌다. 그러다 보니 전부터 발등에 있던 무사마귀가 팅팅 커다랗게 불었다. 사마귀는 마치 실을 묶어 놓은 것처럼 여러 갈래로 돼 있었다. 손톱으로 꼬집어보니 힘없이 뽑혀 나왔다. 피도 나왔다. 그러나 아프지는 않았다. 실 같은 이것만 다 뽑아내면 내 발등이 매끈해지겠지, 생각하며 낙숫물에 발등을 댄 채 손톱으로 하나씩 뽑아냈다. 피가 발등과 언저리를 붉게 물들이며 씻겨나가기를 반복했다. 재미있었다.

그날 밤 온몸이 불덩이처럼 뜨겁게 열이 올랐다. 옆구리가 펼 수도 없이 아팠다.

학교도 못 가고 한동안 앓았다. 걷지도 못해 업혀서 병원엘 갔다. 어른들 얘기로는 '주마담＊'이라고 했다. 석 달 동안 당시 만병통치약이라던 '다이아찡'을 먹고 또 페니실린 주사를 맞았다. 그때는 항생제가 없었다. 발등으로 세균이 들어가 심한 염증을 일으켰던 것이다. 주마담이 다방 마담 이름이 아닌 것만은 확실하지만, 어떤 병인지는 몰랐다. 옆구리가 펼 수도 없이 아프고 멍울이 만져지니까 죽을병에 걸린 줄만 알았다.

그렇게 앓느라고 삼 개월을 결석했다. 아프니까 식구들의 대우가 좋았다. 만화책이 늘 곁에 쌓여 있고, 업혀서 병원 가고, 주전부리가 끊이지 않았으니 공주처럼 지냈다. 나는 공주 노릇하면서 보낸 기억만 나는데, 자칫 죽을 수도 있었다고 했다.

생각해 보면 태어나던 날부터 몇 번씩 생사의 고비를 넘기면서 어린 시절을 보냈다. 어떻게 세 번이나 찾아온 저승사자를 용케 피했는지 모르겠다. 누구에게나 저마다의 명이 정해져서일까. 아니면 내가 살면서 해야 할 일이 남아서였을까.

*주마담: 담痰이 이곳저곳을 옮겨 다녀서 몸이 군데군데 욱신거리고 아픈 병.

2장_금쪽같은 늙은이

금쪽같은 늙은이

나른한 오후, TV를 켰다. '금쪽같은 내 새끼' 재방 중
이다. 요즘 인기 프로 중 하나다. 오은영 박사의 명쾌한
진단과 처방이 금쪽이를 변화시킬 때면 나도 모르게 가
슴을 쓸어내리며 박수를 보낸다.

금쪽이들의 문제 행동은 여러 양상으로 나타난다. 머
리를 쥐어뜯어 뽑아서 정수리가 허옇게 탈모가 된 아
이, 제 몸을 벽에 부딪치거나 때리고 엄마에게 심한 욕
설을 하는 아이, 먹은 음식을 토해서 몸이 비쩍 마른 아
이도 있다.

여러 형태로 나타나는 증상의 원인은 대부분 관심과
사랑을 받지 못한다는 마음 때문이었다. 부모는 자식을
온갖 관심과 사랑으로 키운다고 믿지만, 아이들의 마음

은 다르게 느끼고 있었다. 대개의 처방은 가정에서 화목한 분위기를 조성하고 서로 대화를 많이 할 것 등으로 그리 어렵지 않은 방법이 아이를 변화시킨다.

관심받지 못한다고 생각하는 것은 바로 자신이 외롭다고 느껴질 때 생기는 마음이 아닐까. 그런 마음은 어른에게도 있지만 대부분의 어른은 속으로 삭이고 참으며 이겨내려고 한다.

나도 나이가 들고 보니 안 그러려고 해도 작은 일에 서운할 때가 있다. 아마도 활동이 줄어들고 혼자 있는 시간이 길어지니 덩달아 생각도 많아져서 그런 모양이다.

이십 년도 넘게 차고 다니던 건강 팔찌를 풀었다. 제자가 첫 월급을 받았다고 선물한 준보석 팔찌였는데 큐빅 두 개가 빠져서 풀었더니 손목이 허전했다. 며칠이 지났는데 아무도 눈치를 못 채는 것이다. 한여름이라 민소매 팔뚝이 눈에 띄지 않을 리가 없건만. 아주 작은 일들이 나를 외롭게 하고 관심받고 싶게 한다. 자해만 하지 않을 뿐 나도 금쪽이가 되어간다.

코로나19 백신 3차 접종하던 날. 혼자 터벅터벅 동네 병원으로 걸어가며 왠지 내가 잎 떨어진 가로수처럼 처량했다. 1, 2차 접종 때만 하더라도 혼자 가면 큰일 나는 것처럼 저희끼리 의논해서 보호자로 따라오더니. 3차는 예약해 준 손녀마저도 기억을 못 하는지 아무도 카톡방에 언급이 없었다. 그래서 심사가 사나워졌을까, 싸늘한 아침 공기 때문일까. 누가 조금만 건드려도 눈물이 날 것 같았다.

병원 안은 모두 노인들뿐이었다. 한 쌍의 부부를 제외하면 나를 포함한 네 명은 혼자 온 사람들이었다. 조금 위로가 됐다. 주사를 맞고 돌아오는 길, 저녁은 엄마네 집에서 연어를 먹자는 큰딸의 톡이 떴다.

'아하, 애들이 내가 주사 맞은 것 때문에 밥 안 하게 해주려고 그러는구나.'

다시 기분이 제자리로 돌아왔다. 연어회와 스테이크를 해 먹으면서 낮에 병원 다녀온 이야기를 하니 모두 놀라며 미안해하는 눈치였다. 역시 잊고 있었다니 씁쓸했다.

밤이 되자 열이 오르고 온몸이 몸살 난 것처럼 쑤시고 아프기 시작했다. 진통제를 먹고 수시로 열을 재봤다.

열은 37.5도에서 38.3도를 오르락내리락했다. 머리가 식은땀으로 흠뻑 젖으며 자는 둥 마는 둥 날이 밝았다. 몸이 찌뿌드드했다.

나는 힘든 하룻밤을 홀로 보냈는데 큰딸 말고는 안부를 챙기는 자식이 없었다. 늙은이의 심통이 다시 꼬여 오기 시작했다. '너희들도 어디 궁금해 봐라.'하는 마음으로 숨죽이고 다들 궁금해하든 말든 하루 종일 소식을 끊었다. 그러나 그게 무슨 소용이랴. 저녁때가 되어도 아무도 내 작전을 눈치조차 채지 못했다. 나만 온 신경을 휴대폰에 쏟으며 마음을 앓고 있는데 저녁때 손녀 혜민이 찾아왔다.

"오늘은 할머니네 분리수거하는 날이잖아." 하더니 말끔하게 치워주고 갔다. 손녀의 마음 씀씀이에 화가 풀렸고 나의 관심 끌기 작전은 흐지부지 끝나버렸다. 늙으면 아이가 된다더니 별수 없이 나도 그렇게 되는 것은 아닌지 걱정스럽다. 돌아보면 어른을 힘껏 모셨다고 생각하지만, 내 생각일 뿐 그분들은 섭섭한 일이 오죽 많으셨을까. 하지만 사랑으로 모두 덮어주셨다.

나는 이제라도 관심에 연연하지 않고 넓게 품어 안고

자신을 다스리며 살겠다는 생각을 늙은 금쪽이 마음에
새겨본다.

열두 폭 산수화와 선글라스

새벽 네 시에 큰딸에게서 전화가 왔다.

"엄마, 박 서방이 비 오는 바다를 보러 가자고 하는데 가실래요?"

"조~오~치."

"삼십 분 안에 갈 테니 아빠랑 준비하고 내려오세요."

"야호!"

자다가 웬 떡이랴 싶었다.

'새벽 바다를 보다니….'

부랴부랴 떠난 바다 여행은 생각지도 않은 횡재다.

6월 30일 밤에 개통한 영동 홍천 간 고속도로를 달렸다. 옛날엔 적어도 너덧 시간은 걸려야 가던 길인데 이젠 두 시간이면 된다고 하니 좋은 세상이다.

길 양쪽으로 펼쳐진 산과 구름, 구름인가 하면 뭉실뭉실 피어오르는 것이 연기 같기도 하다. 아직 밝지 않은 창밖은 신선이 살고 있는 선계仙界가 있다면 바로 여기가 아닐까. 은빛 수염을 늘어뜨리고 흰색 도포 자락을 펄럭이며 용트림한 지팡이를 손에 든 신선이 금세 나타날 듯했다. 신비로웠다. 병풍으로 꾸며도 좋을 열두 폭 산수화였다.

동트기 전 고속도로는 한산해서 빗속만 아니라면 달릴만했다. 터널도 많다. 제일 긴 터널이 11킬로이니 삼십 리가 다 되는 거리다. 백두대간 밑을 지나간다고도 한다. 터널이 어찌나 많은지 세다 헷갈려 오는 길에는 종이에 적어가며 왔다. 길이 막혀 강촌 옛길로 빠지기 전까지 마흔여덟 개의 터널을 지났다. 그 터널을 뚫느라 오랜 세월 조용히 지내던 산들이 얼마나 몸살을 했으며, 가슴을 뚫고 지나가니 아픔인들 오죽했으랴 싶다.

차도가 내려다보이는 내린천 휴게소도 장관이었고, 오랜만에 다시 보는 낙산사도, 홍연암도 새롭다.

사위가 고마웠다. 슬그머니 농담처럼 품고 있던 진담

을 던졌다.

"어제 우리 모임에서 사위 흉을 진탕 봤는데, 좀 미안
해지네."

"무슨 흉?"

딸과 남편이 동시에 나를 쳐다봤다. 운전하는 사위의
등도 궁금한 듯 아주 작은 움직임으로 팽팽해졌다. 나
는 흉허물없는 자리에서는 애창곡처럼 자주 읊어대는
레퍼토리를 또 꺼냈다.

"전 남편은 세차도 잘 해줬는데 지금 남편은 전혀 안
해주고, 옛날의 사위는 전국 맛집을 순례시켜 주고, 마
트도 같이 가 주고, 제 아내 생일이면 이쁜 딸 낳아줘서
고맙다고 화분을 보내오곤 했는데 지금 사위는 꽃은커
녕 얼굴 보기조차 어렵다고 했지."

오랜만에 떠난 여행길에서 속에 있던 서운함을 풀었
다. 나이가 들고 직위가 오를수록 멀어지는 건 그만큼
일이 바빠서인 줄 알지만 그래도 한편 서운했던 건 사
실이다.

화진포 회색빛 푸른 바다, 수평선의 새하얀 물띠는 거
품을 품은 채 밀려와 모래톱에 부려놓고 천연스레 사라

지곤 했다. 비 오는 날의 새벽 바다. 흰 파도, 새하얀 모래가 만들어낸 장엄함은 절로 기도가 되어 나직이 소원을 읊조리게 했다.

꼭두새벽부터 생선회와 매운탕으로 식사를 해보기도 처음이었다. 고성 라벤더 농장의 이국적인 풍경도 좋았다. 끝없이 펼쳐진 보랏빛 라벤더밭 가운데 붉은 지붕의 아담한 유럽풍 집은 한 폭의 그림이었다. 농장주가 경영난으로 땅을 떼어 팔면서 그런 집을 짓는 조건을 달았다고 했다.

비는 내리다 그치기를 반복하더니 돌아올 때는 줄기차게 내렸다. 피곤해서 눈꺼풀이 무거웠지만 창밖 그림이 아까워 잠시라도 눈을 감을 수 없었다. 개통한 지 이틀밖에 안 된 새 길을 달린다는 기분이 마음을 더 부추겼다.

언제 또 가자고 딸이랑 약속했다. 약속이란 깨기 위해서 하는 거라지만 정말 다시 가보고 싶은 길이었다.

그런데 하루를 꿈처럼 즐겁게 보낸 대가를 톡톡히 치렀다. 선글라스를 잃어버린 것이다. 날도 궂고 컴컴했지만, 엊그제 새로 장만한 선글라스를 자랑하고 싶었다. 조금만 날이 번하면 꺼내 썼다가 비 오면 다시 접어 넣기를 거듭하다 기어이 잃어버리고 말았다. 어디에다 흘렸는지 케이스째 온데간데없었다. 사랑 땜도 못하고 잃어버려 속상해하니 딸이 허브농장과 점심 먹은 식당, 전시장에도 전화를 해봤지만 허사였다. 도수 넣은 선글라스라서 누가 주워 갔어도 쓰지 못할 텐데….

아름다운 경치에 홀려 정신도 그날의 운무처럼 희미해져 어디에서 어떻게 잃었는지 전혀 생각나지 않는다.

그 새벽에 보았던 열두 폭 산수화를 다시 감상하려면 지그시 눈을 감아야 한다. 그러면 난 종이비행기처럼 가볍게 날아가 그림으로 들어간다. 그런데 한 가지 흠은 한참 감상 중인데 시커먼 선글라스가 느닷없이 나타나 조용한 내 명상에 초를 치는 것이다.

마음을 빼앗기다

오늘만 해도 그렇다. 고암서실鼓嚴書室에 필방 아저씨가 왔을 때, 손도 대지 않은 붓이며 새 먹, 화선지가 아직 있는데도 소주호필蘇州湖筆 정봉 두 자루와 만수무강 먹 한 개, 연습지 200장 그리고 《한산십자고시漢簡集字古詩》 한 권을 거금(?)을 들여 사고 말았다. 마치 지금 사 두지 않으면 영영 못 사게 될 물건이기나 한 것처럼.

유난히 지필묵에 대한 욕심은 통제가 되지 않는다. 넉넉히 사서 쟁여놓으면 그렇게 흐뭇할 수가 없다. 지필묵을 많이 가지고 있으면 저절로 명필이 될 수 있는 것처럼 서두르는 내가 때로는 한심하기 짝이 없다. 오늘도 필방 아저씨가 가져온 열 자루의 붓을 몽땅 사고 싶은 걸 참고 정봉 두 자루만 샀다. 천년만년 살 것 같은 마음으로 사재기하고 나니 좀 계면쩍은 생각이 들어 한마디 농을 던졌다.

"나 이거 다 못 쓰고 죽거든 은경 씨 가져다 써요."

"호호, 그러면 아주 문서로 남겨주세요."

서실에 한바탕 웃음꽃이 폈다.

정봉과의 인연은 깊다. 처음 국전에 도전하는 내게 자신감을 주었고, 지금까지도 실망하게 하지 않고 나를 지켜주고 있다. 그러나 절대 만만치 않은 구석도 있다. 낭창낭창하고 보드랍기까지 한 외모와는 다르게 타협을 모른다. 아주 고집불통이다. 흐트러진 손놀림을 싫어한다. 속기俗氣는 더 싫어한다. 정봉의 그 멋있는 선은 미스코리아의 각선미보다 더 매끈하다. 황홀해서 눈을 뗄 수가 없다.

사놓고 떠들어보지도 않은 책도 적지 않다. 실력에 가당치도 않은《청조문화동전淸朝文化東傳의 연구硏究》,《동문선東文選》등, 언젠가 공부해서 읽으리라 하고 수중에 넣었지만 30년이 넘도록 아직도 서가 장식용으로 먼지만 뒤집어쓰고 있다. 법첩法帖들도 눈에 띄는 대로, 남들이 사는 대로 사서 꽂아놓은 것들은 임금님 눈길을 기다리는 후궁들처럼 있는 대로 맵시를 내고 애처롭게 가지런히 꽂혀 있다. 그것들에 빚을 지고 있는 것 같아 쳐다볼 때마다 미안한 생각이 든다. 그래서 또 지키지도 못할 결심을 해보기도 한다. 올해엔 모두 훑듯이라도 한 번씩 임서臨書할 것이라고….

붓과 인연을 맺은 지도 사십여 년이 훌쩍 넘었다. 그렇지만 한 번도 흡족한 작품 하나 써 보지 못하고 있다. 자기 작품에 만족하지 못하는 것은 여느 분야에서나 마찬가지라고 하지만 늘 허기진 느낌을 떨칠 수 없다.

'떡 못하는 년이 안반 나무란다.'는 옛말이 있다. 연장만 탓하며 새 붓으로, 새 종이로 바꾸는 짓만 되풀이하고 있는 듯한 기분이다. 적잖은 나이에 이쯤이면 욕심을 내려놓을 때도 되었으련만 내 욕심은 끝을 모르고 치닫기만 한다.

그동안 사놓았던 지필묵紙筆墨으로 손자들에게 마음에 드는 병풍 한 틀씩 예쁘게 꾸며주기로 했다. 그래서 정초부터 좋은 문장을 고르고 있다. 이것 또한 욕심인 줄 알지만 부려볼 만한 욕심이라고 자위해 본다.

나는 먹을 갈고 있는 시간을 즐긴다. 마음에 드는 벼

루에 정수淨水 몇 숟가락을 부어 먹을 간다. 마음을 비우고 맑은 명상에 잠긴다. 참선하는 기분으로 먹을 갈며, 작품 구상을 하고, 완성된 작품을 머릿속에 그려본다. 벼루와 먹이 서로 뜻이 통할 즈음이면 먹은 벼루의 못硯池 속에 나른한 먹물을 토해놓는다.

호毫가 기다란 붓을 담글 때, 먹이 스미는 붓털들의 아주 작은 소란스러움이 손끝으로 전해지고 그 짜릿함은 화선지로 달려가고 싶은 붓의 조급함을 느낀다. 이런 모든 것을 즐기기 위하여 지금도 기계를 마다하고 손으로 먹을 갈아 쓰는 것을 고집한다. 명주 천에 받쳐서 쓰는 번거로움도 싫고, 어떤 화가처럼 100년 넘은 먹만을 고집하지도 않는다. 그저 그 귀한 시간에 얻는 생각 때문에 그러고 싶을 뿐이다. 유연하고 탄력 있는 붓과 흑단黑檀같이 단단하고 윤기 나는 먹, 무엇을 쓰든 반갑게 품어주는 화선지, 이들은 절대로 나와는 멀어질 수 없는 오래된 벗이기도 하다.

그날의 기분에 따라 벼루의 모양과, 복숭아 연적의 터질 듯 풍만한 선이나, 작고 앙증맞은 달月 연적 등을 간택揀擇하는 즐거움과 설렘은 나만이 누릴 수 있는 행복이다.

　이제 늙어 배가 나오고 끝이 뭉툭해진 몽당붓들은 그
간의 노고를 고맙게 여기어 평소 가까이 지내던 화선지
에 곱게 싸서 마실길 상수리나무 밑에 장사 지내 줄 생
각이다. 붓걸이마다 즐비하게 걸려 그네를 타고 있는,
크고 작은 붓들을 바라만 보지 않고 총애해 줄 생각이
다. 그리고 충동구매는 좀 자제해야지 하고 단단히 마
음은 먹지만, 또 어디에서든 정봉頂峰의 매끄럽고 늘씬
한 몸매를 만나면 잘생긴 기생에 마음을 빼앗긴 선비처
럼 나는 홀리듯이 사 버릴 게 뻔하다.

카메라를 보내며

사위에게서 전화가 왔다.

"장모님, 요즘도 사진 찍으세요?"

"아이구, 이 사람아. 이젠 그럴 기운이 없다네."

"안 쓰시면 디카 좀 빌려주세요."

"그러게나, 필카도 줄게. 잘 가지고 놀게."

일주일 전 큰사위와 나눈 이야기다.

어차피 손 놓은 지 오래됐으니 빌려 줄 게 아니라 아주 물려줄 참이다. 마음은 선선히 결정했는데 일주일이나 끌고 있는 내 심사는 또 무슨 까닭인지. 오랫동안 잘 가지고 놀며 아끼던 장난감이 하나씩 내 손을 떠나는 것 같아 괜스레 마음이 허전하다.

작년에도 그랬다. 막내가 내 연장함을 탐냈다. 이젠 나뭇조각 하나도 쪼아내지 못하면서도 품고 있던 서각

書刻 공구함이다. 손때 묻은 연장들을 쿨한 척 넘겨주면서도 마음은 파르르 떨렸다. 막내에게 주게 돼서 얼마나 다행이냐 생각하면서도 말이다.

옷장 안에서 잠자고 있던 가방 두 개를 꺼냈다. 필름카메라와 디지털카메라. 렌즈와 삼각대. 환등기, 루뻬, 충전기…. 모두 챙겨 방 한가운데 모아 놓았다. 다 갖추지 못해 항상 목말라했는데 저렇게 많았다니.

큰아들이 이란성 아들 쌍둥이를 낳았을 때, 고물고물 자라는 그 예쁜 모습을 그냥 흘려보내기가 아까워 카메라를 배우기 시작했다. 사진은 집에서 붓글씨 쓰는 것과는 비교도 할 수 없는 중노동이었다. 사진에 비하면 서예는 신선놀음이다. 해돋이를 찍으려면 동트기 전에 집을 나서야 하고, 설경을 찍으려면 옷을 두껍게 껴입어도 손발이 시려 동동거리고, 입까지 얼어서 반벙어리가 되었다. 해넘이나 야경을 찍는 날은 한밤중에야 집에 돌아오곤 했다. 돌이켜 생각해 보니 힘은 들었어도 재미있었다.

이걸 정말 내가 찍었나 하고 신기할 때도 있었다. 무거운 줄도 모르고 메고 다닌 카메라 가방은 내게 사진

전에 입상하는 행운도 가져다주었다.

인물사진은 기본 렌즈로도 탈 없이 공부했다. 꽃 사진을 찍으러 화원엘 갔을 때, 바이올렛 꽃잎에서 짝짓기하는 무당벌레를 발견했다. 모두들 서둘러 마이크로렌즈로 갈아 끼우느라 부산했다. 접사렌즈가 없는 회원은 두세 명. 빌려 쓰기로 하고 차례를 기다렸다. 맨 마지막 내 차례가 왔을 때는 무당벌레의 사랑은 이미 끝난 뒤였다. 씁쓸했고 약이 올랐다.

'기왕 배우려면 갖추고 배우자.'

'아니다, 인물만 잘 찍으면 된다. 한두 푼 하는 것도 아니잖니.'

그러나 참으라고 타이르던 쪽이 백기를 들었다. 다음 수업 시간에는 내 손에도 접사렌즈가 들려 있었다. 며칠간은 숲을 뒤지고 다녔다. 무당벌레의 뜨거운 장면을 찾아서…. 지금까지도 그 한은 풀지 못한 채 남아 있다.

극성스러운 할머니라는 소리를 들어가며 쌍둥이들의 크는 모습을 카메라에 담았다. 어느 날 손자들의 경기 장면을 찍고 싶었다. 관중석에서 순간을 포착하려면 망원렌즈가 필요했다. 멋진 슛 장면을 잡기 위하여 '지름

신'의 힘을 얻어 마련했다. 그 무거운 카메라 가방을 메고 홍콩으로, 샤먼으로 경기가 있는 곳이면 어디든지 쫓아다녔다. 그러니 할머니 앞에 '극성'이라는 글자가 따라붙는 것이 당연했다.

쌍둥이들은 제 아빠가 주재하고 있는 베이징에서 자랐다. 유치원부터 고등학교까지 미국계 학교에 다녔다. 축구를 좋아하고 잘하는 편인 손자들이 학교 선수로 활약하며 각 학교 대항 시합에 나갔다. 그럴 때마다 카메라맨인 할머니를 초청해서 나는 한국에서 날아가 합류했다.

손자들이 '성징엘범의 제일 공로사는 할머니'라고, 훗날 제 자식들에게 옛날이야기처럼 해 준다면 나는 웃으면서 성공한 사진사라고 여길 것이다.

여행을 떠날 때마다 카메라 가방은 혹같이 붙어 다녔다. 돌아와서도 찍은 사진을 인화해서 몫몫이 나누어 준 후에야 여행이 끝났다고 생각했다. 주머니 사정을 입박해도 쉽사리 손에서 놓지 못했다.

디카가 내게 오던 날을 잊을 수가 없다.

"장모님, 선물입니다."

사위의 손에 큼지막한 상자가 들려 있었다.

"디칸데요, 바디body만 사 왔어요. 렌즈는 가지고 계신 걸 쓰면 됩니다. 여행할 때는 편하실 거예요."

"어메, 고마워라! 나 이거 굉장히 갖고 싶었는데…."

호주 여행 떠나기 전날, 박 서방이 생각지 않은 선물로 나를 감동하게 했다. 필름 아깝게 같은 것을 여러 번 찍는다고 잔소리를 늘어놓던 남편의 입이 심심해졌다.

어느 때부터인가 주머니에 넣고 다닐 수 있는 작은 디카가 유행하기 시작하더니 지금은 그마저도 스마트폰에게 자리를 빼앗기고 말았다. 언제든 꺼내 찍고, 그 자리에서 전송해 줄 수 있는 맛에 나도 요즘은 스마트폰을 애용한다.

쌓아 놓은 사진 장비를 보며 흐름을 생각했다. 세월만 흐르는 게 아니었다. 모든 사물의 형태도 물처럼 흘러간다.

박 서방이 혹시라도 아까워서 망설인다고 오해할지 모르니 오늘은 더 미루지 말고 가져다줘야겠다. 장모의 카메라 공부를 위해서 아낌없이 후원해 준 든든한 사위에게 가서 다시 듬뿍 사랑받으면 좋겠다.

왜 닮지 못했을까

친자매가 맞는지 DNA 검사를 해 보고 싶다. 언니와 나는 닮은 데가 없다. 하지만 검사까지 할 필요는 없다. 가끔은 언니와 나를 헷갈리는 사람들이 있으니까. 어려서부터 외모로는 거의 판박이였다.

젊었을 땐 언니가 사는 동네 시장에 가면 결혼도 안 한 나에게 "사모님 나오셨어요? 애기는 잘 크죠?"라며 인사하기도 했다. 심지어 형부 사무실 직원도 내게 깍듯이 인사하는 경우가 많았다. 그뿐만이 아니다. 내가 결혼해 지방에 살 때, 우리 집에 다니러 온 언니를 배웅하려고 아들을 업고 버스 정거장에 갔다. 언니가 버스에 오르자, 등에 업힌 아이가 불에 덴 듯 울어대기 시작했다.

"엄마! 엄마!"

내 자식조차 엄마와 이모를 헷갈릴 정도였으니 외모로는 친자매라는 걸 의심할 여지가 없다. 그만큼 얼굴이 닮았다면 다른 면도 닮아야 하지 않을까. 그러나 전혀 그렇지 않으니 그 점이 궁금하다는 말이다.

언니는 모두를 품을 만큼 속이 깊다. 나는 어떤가. 곤두벌레처럼 발끈발끈 화를 잘 내고 바른 소리를 참지 못하는 성격이다. 왜 언니처럼 참을성이 없고 느긋하지도 못할까. 자매라면 그런 점도 닮아야 하는 거 아닌가?

언니와 나는 다섯 살 터울이다. 이렀을 때 또래 친구들과 놀았던 기억이 없다. 어디를 가든 껌딱지처럼 언니에게 붙어 다녔다. 친구네를 가든, 나물 뜯으러 들에 나가든 언니 손을 잡거나 아니면 등에 업혀 있는 게 나였다.

언젠가 개울 건너에 있는 언니 친구 집에서 모여 놀기로 한 날이었다. 그날도 어김없이 따라붙은 나를 업고 개울을 건너다가 그만 미끄러졌다. 둘이 생쥐 꼴이 됐던 그날의 기억은 지금 생각해도 언니에게 미안하다.

언니도 동생 업는 일이 얼마나 힘에 부쳤을까. 따라붙는 동생이 귀찮기도 했을 텐데, 꿀밤 한 번 쥐어박은 적이 없는 언니를 생각하면 그땐 내가 왜 그랬나 싶다.

껌딱지 동생이 떨어져 나간 건 언니가 시집을 간 뒤였다.

사돈어른 내외분께서는 늘 한복을 입으셨다. 언니는 봄가을은 겹옷으로, 겨울에는 솜을 얄팍하게 두어 수통스럽지 않고 맵시 있게 옷을 지었다. 풀 먹여 매끈하게 다림질한 바지, 저고리, 마고자, 두루마기까지 거칠 것 없는 솜씨는 사돈어른의 자랑이었다.

그 시절의 일화가 하나 있다.

이슥한 밤까지 바짓감에 솜을 두느라고 대청마루에 펼쳐놓고 솜을 펴고 있는데 건넌방 창문이 스르륵, 조심스레 열리는 소리가 났다. 깜짝 놀라 방문을 벌컥 열었을 때 형부의 시계를 훔치려고 테이블로 손을 뻗던 도둑과 눈이 마주쳤다. 도둑도 혼비백산. 주인도 놀라기는 마찬가지였으리라. 어쩌겠다는 생각도 없이 옆에 있던 인두를 움켜쥔 채 도망가는 도둑을 한참이나 쫓아갔다는 무용담이다.

언니네 시댁은 크고 작은 잔치가 빈번했다. 결혼 전 할머니의 솜씨를 전수받은 언니의 솜씨는 오히려 언니를 힘들게 했다.

안사돈 어른은 솜씨 좋은 며느리가 자랑스러워서 침이 마르게 칭찬했다. 허리를 다쳐 누워있는 며느리에게 잔치에 쓸 생률을 치라며 밤 두 말씩이나 가져오셨다. 대소가大小家에 며느리 자랑하고 싶은 마음에 선뜻 맡아오신 것이다. 앉지도 못하고 누워서 생률을 쳐내던 언니의 참을성은 어디에서 나왔을까.

어느 댁 잔치든 큰상은 늘 언니 몫이었다. 유밀과는 두어 달 전부터 밑 준비를 시작했다. 그 종목을 다 열거할 수는 없지만 제일 손이 많이 가는 유밀과는 강정, 산자, 약과, 다식, 유란栗卵. 조란棗卵 등이었다. 그때는 지원군이 필요했다. 우리 동생군단을 소집했다. 여동생들은 아침저녁으로 출퇴근, 어떤 때는 며칠씩 언니 집에 묵으면서 일을 도왔다.

예나 지금이나 우리 자매는 똘똘 뭉쳐 일사불란하게 움직인다.

언니 앞에선 나는 팔십이 넘었어도 마냥 코흘리개

다. 언니는 나와 동생들에겐 우뚝 선 지휘자와 같다. 우리 졸개들은 지휘자의 지휘봉에 따라 일사불란하게 연주한다. 지금도 우리는 언니의 발꿈치도 따라잡지 못한다. 나는 왜 그런 언니를 닮지 못했을까. 그럼에도 나는 언니의 수제자라고 떠벌리고, 자매들도 그 말에 반기를 들지 않는다.

　내가 진심으로 닮고 싶은 것은 언니의 솜씨보다도 어디에서든 조용하고 침착한 성품이다. 한복이 잘 어울리는 조붓한 어깨선은 조선 여인이라는 별명하고도 딱 맞는 언니. 이런 모든 것이 닮고 싶다.

또 하나의 효자손

가을에 접어드니 피부가 건조해진다. 보디로션을 듬뿍 발라도 몸이 가렵다. 밤이면 더 심하다. 자려고 누우니 등이 스멀스멀 근지럽다. 손을 뻗어 머리맡의 효자손을 찾아 더듬는다. 가려움을 혼자 해결하는 데는 그놈만 한 것이 없다.

삼십여 년을 내 손때로 길들어져 반들반들 윤나는 나의 애용품. 두툼한 대나무를 길게 잘라서 적당히 구부린 끝이 갈퀴 모양을 한, 좀 투박해 보이는 효자손이다. 그런데 손에 잡히질 않는다. 그놈을 못 찾으니 등이 더 가렵다. 하는 수없이 두 팔을 등 뒤로 돌려 스트레칭 자세로 간신히 가려움을 진정시킨다. 이래서 나이 들면 손이 세 개여야 한다. 오른손, 왼손, 효자손.

요즘 들어 나이 든 티가 더 심해졌다. 물건을 손에 쥐고 찾는 것쯤은 예사요, 냉장고 문을 열고도 무얼 꺼내려 했나를 한참 생각하기도 한다. 잘 두겠다고 챙겨 넣은 것들은 몇 날이 지나도 찾지 못할 때가 허다하다. 건망증인지 인지장애인지 사람을 심란하게 한다.

정리해서 넣는 일은 포기하고, 잘 보이도록 가까운 곳에 놓다 보니 수납공간은 텅 비어간다. 반면 온갖 자질구레한 것들이 침대 위를 비롯하여 머리맡이든 텔레비전 앞이든 한눈에 보이도록 벼룩시장 벌전처럼 벌여놓았다. 그렇게 늘어놓아도 무엇 하나를 찾으려면 나와주지를 않는다.

이런 때 혜민이 곁에 있었다면 얼마나 좋을까 싶다.

"할머니 여기."

내가 뭔가 찾지 못해 허둥댈 때마다 단박에 찾아내 손에 쥐여줄 텐데. 같이 살고 싶은 생각이 들기도 한다.

지난겨울은 유난한 추위였다. 근래 드문 한파라 했다. 영하 십몇 도에서 올라갈 줄 모르고 기승을 부렸다.

마트도 못 가고 그럭저럭 지냈다. 조금씩 뭉쳐 냉동에 넣었던 재료들을 꺼내, 먹고 싶은 음식하고는 상관없이 재료에 맞는 요리로 해 먹고 살았다.

냉동실이 헐렁해져 가도록 추위는 물러갈 기세가 안 보였다. 용기를 내어 동네 마트라도 갈까 말까 망설이는 중에 손녀에게서 카톡이 왔다.

"할머니 시장 볼 거 있으면 불러주세요."

구세주가 따로 없었다.

"오메, 반가운 거, 어떻게 알았니?"

콩나물, 두부, 달걀, 우유, 양파, 우선 급한 것만 주섬주섬 쓰고 나니 미안했다.

"모두 제일 적은 양으로 보내줘. 고맙다."

배달을 받아보니 주문한 것 외에 온 물건도 많았다. 마음은 있었지만 미안해서 말하지 못했던 것까지 어찌 알고 보냈다. 게다가 이것저것 군것질거리까지 풍성하게….

혜민이가 또 가려운 데를 긁어줬다.

읽고 싶은 책이 있거나 누가 추천하는 책들을 혜민에게 말하면 이틀 후면 득달같이 내 손에 배달된다.

"이기주 작가는 뭐하던 사람인지, 읽기 쉽게 잘 쓰더라."

대화방에 말하자마자 단번에 신상을 알아내 보내왔
다.

연휴에 읽으라고 도서관에서 그 작가의 책을 빌려다
준다고 했다.

할머니의 가려운 곳을 미리 알고 긁어 주는 손녀, 효
자손이 따로 없다. 혜민이가 나의 효자손이다.

청사년 액땜 시리즈

그날따라 유난히도 베란다 창의 버디칼이 축 처진 게 눈에 거슬렸다. 매일 아침저녁으로 올리고 내리다 보니 도르래의 줄이 어딘가 걸린 모양이다. 더 이상 올라가지도 내려오지도 않고 한쪽이 더 늘어져 보기 싫었다. 제대로 고치려면 아이들의 손을 빌려야 하겠지만 언제 올지도 모르는데 마냥 기다리려니 신경이 자꾸 버디칼 쪽으로 쏠렸다.

늘어진 쪽을 말아 올려 왼쪽과 수평을 맞춰서 끈으로 묶어주면 당장 보기 싫은 것은 면할 것 같았다. 긴 끈을 찾아들고 플라스틱 의자를 끌어당겼다.

'소문난 효자들이면 뭐 혀. 이까짓 작은 것 하나도 살펴보지 않는 걸⋯.'

서운함인지 푸념인지 중얼거리며 창틀을 잡고 의자에 조심히 올라섰다. 그때 문득 아이들이 늘 "엄마, 높은데 절대 올라가지 마세요." 하던 말이 떠올랐다.

'간단한 일인 걸. 나도 할 수 있어.'

혼잣말로 대꾸했다. 버디칼 끝을 말아 묶는 데까지 성공했다. 이 끈을 위에다 묶으면 끝나는 거다. 위를 쳐다보며 하려니 약간 어지럼증이 오는 것 같아 더욱 정신 차렸다. 한 번에 되지 않았다. 묶으면 떨어지고를 몇 번 반복하다가 어? 어? 의자가 기우뚱했다.

등이 시려서 눈을 뜨니 베란다 바닥에 네 활개를 펴고 누워 있고 창가에 있던 수석들이 뒹굴고 뒤통수가 지끈거렸다. 앗! 내가 의자에서 떨어졌구나. 간신히 몸을 일으키고 앉아 손목과 다리를 만져봤다. 움직여지고 아프지도 않은 것을 보니 뼈는 무사한 것 같았다. 옆에 있는 운동용 자전거도 그대로 서 있었다. 하늘색 의자는 앞쪽 화분을 박차고 거꾸러져 있었다.

이가 덜덜 마주치도록 추웠다. 살아난 건가? 거실로 걸어 들어왔다. 다시 한번 온몸을 훑어봐도 멀쩡했다. 뒤통수가 욱신거려 만져보니 골프공만 한 혹이 났다.

그래도 피는 나지 않았으니 다행이었다. 만지면 아프지만 그냥 있으면 괜찮았다.

저녁때 딸이 왔다. 무용담을 각색해서 말하고는 자랑스럽게 머리를 보여줬다.

"헉! 엄마 이게 뭐예요. 그냥 혹이 아니고 피가 엉긴 새카만 혹이네."

뒤통수에 생겼으니 볼 수가 없어 그냥 혹인가 보다 했는데 까맣다고 호들갑이었다. 당장 응급실로 가자고 했다. 나는 여태껏 괜찮으니 이 저녁에 갈 일이 아니고 내일 가자고 했다. 뇌진탕 같으면 증세가 어떻게 나타난다는 것쯤은 너도 알고 있으니, 일을 크게 벌이지 말자고 사정했다.

다음 날 내가 고집 피워 동네 가정의학과로 갔다. 다행히 출혈은 없는 것 같으나 추후로도 뇌출혈이 발생할 수도 있으니 안정하고 20일 동안은 지켜봐야 한단다. 그동안을 조신하게 집에 갇혀 지내면서 액땜 하나를 했다고 생각했다.

"나는 운 좋은 여자야."

중얼거렸다. 그러나 안심하기에는 일렀던 걸까. 아니

면 때워야 할 액땜이 더 있었던 걸까.

한 달이 좀 지났을 무렵 아들네가 이사한 집이 궁금했다. 재건축 아파트가 완공될 때까지 임시로 사는 집이 뭐 그리 궁금할까만 할 일 없는 노인은 그랬다.

주말에 딸네가 드라이브 삼아 가자고 했다. 가려운데 긁어주는 것은 딸이 최고다. 얼른 따라나섰다. 뒷좌석에 앉아 봄이 어디까지 왔는지 창밖을 내다보며 달렸다. 어느새 도착했다. 컴컴한 아파트 지하 주차장에 차를 세우고 사위가 열어주는 문밖으로 나와 뒷걸음으로 물러섰다. 아니 물러서려고 뒤로 한 발 딛는 순간 바퀴 스톱에 걸려 넘어지고 말았다. 그 와중에 머리를 차에 부딪히지 않으려고 오른손으로 바닥을 짚고 엉덩방아를 찧었다.

순간 '앗! 내가 또 사고를.' 창피했다. 벌떡 일어나 손목을 만져보니 괜찮았다. 다들 놀라서 나를 에워쌌다. 나는 손을 흔들며 "괜찮아, 손목 안 다쳤네. 미완성 전시 작품 잘 끝내라고 봐주셨나 보다." 얼른 너스레로 눙치며 앞장서 걸었다. 정말 괜찮았다. 아이들도 안심하고 집 구경에, 아들 며느리가 합심하여 한 접시씩 만들어 내오는 국적 불명의 코스요리에 감탄하며 즐겁게 점심도 먹었다. 얘기꽃이 그칠 줄 몰랐다. 주차장에서 일은 모두 잊어버렸다. 스포츠 얘기는 내가 낄 데가 아니어서 방에 누워 텔레비전을 봤다. 꽁무니가 얼얼한 것 같기도 해서 겁이 났다. 저녁까지 먹고 떠났다. 꼬리뼈가 시트에 닿으면 깜짝 놀랄 정도로 아팠다. 한쪽 궁둥이로 앉아서 집까지 왔다. 멍이 들었는지 볼 수도 없고, 붓기는 없는 것 같은데 아팠다. 다음 날 혼자서 병원에 갔다.

"꼬리뼈에 금이 갔네요. 부위가 그래서 다른 조치는 못 하니까 진통제 처방해 드릴게요."

물리치료와 약 처방 외에는 조심해서 생활하라는 말뿐, 언제 다시 오라는 말조차 없었다. 다행히 걷는 데는 큰 불편이 없었다.

앉을 때는 가운데가 동그랗게 구멍 뚫린 도넛 방석에 앉았다. 일일이 들고 다니는 것이 좀 불편하기는 하지만 꼬리뼈가 땅에 닿지 않아 아프지 않았다. 추위를 많이 타는 내 옷차림 덕도 본 것 같았다. 두꺼운 솜바지에 패딩 롱코트를 입고 넘어져 부서지지 않고 천운으로 금만 갔다. 신께서 싸돌아다니는 버릇 고쳐주시려고 꼬리뼈에 살짝 손을 대셨나? 불편은 하지만 그 정도에 감사하며 두 번째 액땜도 무사히 넘겼다.

마을버스를 기다리고 있었다. 사람들은 줄도 서지 않고 인도에 옆으로 서 있었다. 모퉁이에 26번이 보였다. 뛰어가야 자리에 앉을 수가 있다. 모두 뛰었다. 나도 뛰는데 아차, 인도에서 차도로 내려서지 않고 평지인 양 뛰고 말았다. 휘청, 다리가 꺾이며 넘어지려는 찰나에 버스가 바로 내 앞에 섰다. 버스가 막아줘서 넘어지지 않았다. 아찔한 순간이었다. 다리도 성하고 넘어지지도 않고, 때맞춰 내 앞에 서 준 버스가 고마웠다.

이번에도 운이 좋았다는 생각이 들었다. 하지만 이건 애들에게 실토하지 않은 비밀이다. 이 사건까지 알게 된다면 '올라가지 마라.' '앞을 보며 걸어라.' 등 잔소리를 떠나서 아예 위리안치圍籬安置 당하게 될지도 모른다. 하고 싶은 일도 많고, 가고 싶은 곳도 많은 내가 위리안치라니. 나는 여태껏 살아온 것처럼 열심히 내게 허락된 시간을 누릴 작정이다.

싹수

추석 전의 일이다. 새벽 산책을 할 요량으로 아파트 마당으로 내려갔다. 소나무 아래 조붓한 길을 좋아하는 나는 솔 내가 밴 향긋한 공기를 맛있게 깊숙이 들이마시며 걸었다. 날이 희끄무레 밝아오사, 수자장 옆 화단 앞에 작은 물체가 눈에 띄었다. 통통하게 배가 부른 검은색 반지갑이었다.

'누가 흘렸지? 돈이 얼마나 들었기에 이렇게 배가 나왔을까.'

지갑을 열어보려다 순간 손을 멈췄다.

'돈이 가득 들었다면? 그래서 욕심이 난다면? 그건 안 되지.'

잠깐이라도 흔들리려던 마음이 부끄러웠다. 지갑을

들고 경비실로 향했다. 한참 기다려도 경비아저씨는 오질 않았다. 연락처라도 있어야 주인을 찾아주지 싶은 생각에 그제야 지갑을 열어봤다. 알록달록한 카드들이 어지럽게 꽂혀 있다. 길에서 밤을 지새운 추위 때문인지, 낯선 사람을 경계해서인지, 서로 부둥켜안고 오들오들 떨며 애처로운 눈으로 나를 올려다보고 있다. 푸른색 돈이 여러 장 들어 있다. 땡그랑, 동전 한 닢도 떨어진다. 그리고 운전면허증도 보인다. 다행히 우리 동에 사는 젊은이인 것 같다. 아침에 나가려면 교통카드도 필요할 텐데….

일단 집으로 가지고 들어왔다. 아침 준비를 하는 내내 혼자 조바심이 났다. 경비실은 아직도 비었는지 인터폰을 해도 받지 않았다. 아침밥을 먹으면서도 지갑 주인 걱정만 했다. 시간이 지나고 있었다. 7시 50분이 되어서야 겨우 경비실과 통화가 되었다. 하필 오늘따라 우리 동 경비아저씨는 결근했고 앞 동 경비실에서 대신 봐주고 있다고 했다. 인터폰으로 그 집에 연락했다.

"안창주 씨 댁인가요?"

"네, 우리 아들인데요."

"주차장에서 지갑을 주웠는데요, 경비실이 비어서 집으로 가져왔네요."

"아, 그러세요. 감사합니다. 감사합니다."

"지갑 속에 돈이 들어 있더라고요."

"그건 아무래도 괜찮아요. 고맙습니다."

"403호니까 찾아가세요."

인터폰 속에서도 꾸벅꾸벅 절하는 그 엄마의 모습이 보이는 것 같았다. 덩달아 착한 일을 하고 칭찬을 들은 어린아이처럼 뿌듯하고 자랑스럽기까지 했다.

하지만 두 시간이 지나도 위층에서는 아무도 오지 않았다. 지갑이 어디 있는지 알았으니 급하지 않다는 말인가. 책을 읽다가 달콤하게 잠이 들려 하는데 '딩동' 초인종이 울렸다.

"누구세요?"

"할머니 계세요?"

'젠장, 목소리로도 할머니를 알아보다니, 그래, 나 할머니 맞지.'

현관문을 여니 웬 꼬마 둘이 서 있었다. 삼사 학년쯤 돼 보이는 여자아이와 너댓 살 됨직한 사내아이였다.

위층에서 왔단다. 당황하여 안창주가 누구냐고 물으니 자기 오빠라고 했다.

지갑을 주어 보내고 돌아서니, 순간 화가 치밀었다. 이게 뭔가 싶었다. 적어도 본인이 안 오면 인터폰 받던 어른이라도 와서 찾아가는 것이 예의 아닐까. 꼬맹이 시켜서 냉큼 받아 가버리다니. 젊은 사람이 아침에 나가려면 교통카드도 필요하고, 돈도 필요할 텐데…. 하며 혼자 소설을 썼던 순진한 생각에 짜증이 났다.

내가 조바심 내고 있던 그 아침은 토요일이었다. 전혀 급한 것 없는 저쪽 사람들은 태평인데, 혼자서 마음 끓이고 있던 것이 또 화가 났다. 왜 이렇게 화가 날까? 내 안에 있는 나를 들여다본다. 혹시라도 어떤 사례를 바라고 있었던가. 하지만 분명 그건 아니다. 기본적인 예의를 기대했을 뿐이다.

까짓것 잊어버리면 그만인데 왜 그 일이 자꾸 신경을 거스르는지 모르겠다. 좁쌀 같은 성격으로 감정을 잘 다스릴 줄도 몰라, 스스로 상처받기도 잘하기 때문이다. 되새기고 싶지 않은 일이 끈질기게 생각을 물고 놓지를 않는다. 시간이 좀 걸릴 것 같다.

마음을 가라앉히고 그쪽 입장에서 생각해 본다.

'아들 녀석 지갑을 4층 할머니가 주워 놨다네. 카드 분실 신고, 재발급 등의 번거로움은 덜었으니 다행이다. 근데 저놈은 제 지갑 잃어버린 것도 모른 채 쿨쿨 늦잠이다. 내려가 찾아오면 좋으련만 늦게 들어와 단잠 자는 녀석 깨우기는 안쓰럽고, 내가 가자니 빈손으로 갈 수 없고…. 그래, 마침 일찍 일어나 거실에서 놀고 있는 쟤들을 보내자.'

잘 돌아가는 자기 머리를 자찬하며 철모르는 애들을 보냈겠지. 그녀도 자기가 지갑 주운 입장에서 생각해 봤으면 좋았으련만.

지갑의 입장에서도 하고 싶은 말이 있지 않을까?

주인님 / 그러시면 안 되지요 / 저도 제 잘못은 압니다 / 제가 주인님의 주머니를 이탈한 것 말입니다 / 제가 어디 / 저를 얄은 주머니에 쑤셔 넣고 다니다 잃어버려 / 밤새 노숙했어도 / 주인님을 탓하더이까 / 지갑 주제인 제가 보기에도 / 주인님 / 그러시면 안 됩니다.

이길원의 〈개〉를 패러디해서 한마디 거들어본다.

우리가 사는 방법

　전라도 고흥수산으로 굴을 주문했다. 김장 때면 해마다 작은딸이 주문하는 단골집이다. 좀 있으면 굴은 아리고 독성이 생겨서 먹지 못한다.

　주말에 굴밥 파티를 열 계획이니 참석할 사람은 신청하라는 광고를 단톡방에 올렸다. 네 집 중에 두 집에서 응답이 왔다. 그나마 막내 아들네는 저 혼자 오겠다고 했다. 하나밖에 없는 아들이 올해 고3이어서 완전 비상체제로 돌입한 모양이었다.

　둘째 딸네는 무조건 전원 참석이라 했다. 점수를 후하게 줄 참이다. 큰딸은 일주일 밀린 잠을 자야 새로운 한 주를 시작할 수 있다니 하는 수 없고, 큰아들은 강의 준비 때문에 못 움직이니 며느리도 외톨로 오고 싶지는 않겠지. 더구나 천안에서 오가려면 길도 밀리고 힘들 게다. 네 집 중 두 집이 신청했으니 그래도 반은 건졌다.

애들이 온다고 하면 남편은 신이 난다. 몇 번씩 쉬어 가면서까지 청소기도 돌리고, 깜박 잊고 사 오지 못한 청양고추를 사러 군소리 없이 마트에도 간다. 평소 같으면 장 볼 것을 왜 적어 가지 않냐고 하거나 청양고추 쯤 안 넣어도 되지 않냐, 잔소리하고도 남을 양반이라서 부탁 못 하고 있었는데 자진해서 다녀오겠다는 것이었다. 주문하지도 않은 막걸리며 음료도 같이 사다가 슬그머니 냉장고에 빌어 넣었다. 그럴 때 그의 모습은 천진스럽기까지 하다. 즐거워하는 그가 보기 좋다.

소박한 밥상을 준비했다. 표고와 생굴 듬뿍 넣어 밥을 짓고, 매콤하고 시원한 물오징어 뭇국을 끓이고, 깨 끗이 씻은 물파래에 무채를 섞어 상큼하게 생채를 무쳤다. 달래, 홍고추, 청양고추 넣은 양념간장은 비주얼이 제법 그럴듯했다. 삼겹살을 구울 텐데 파무침 없이는 제맛이 나지 않는다는 손자 때문에 비싼 대파 한 단을 아낌없이 채로 썰었다.

거실에 신문지를 넓게 깔았다. 불판을 놓기 위해서다. 불을 가운데 두고 빙 둘러앉아 고기를 구워 먹으면 야유회 온 기분을 제대로 낼 수 있다.

애들이 속속 도착했다. 분주해졌다. 남편도 술잔을 챙기며 수선스러웠다. 사위가 고기를 굽기 시작했다. 고기 굽는 손이 바쁘게 움직이는데도 감당하지 못했다. 누에가 뽕잎을 먹어 치우는 장면을 보는 것 같았다. 술안주가 시원찮은가 싶어 남은 파래에 청양고추 쫑쫑 썰어 넣고 굴을 몇 알 빠뜨려 얇고 바삭하게 전을 부쳐냈다. 의외로 파래 굴전이 인기가 좋았다.

먹성이 좋은 애들이다. 굴밥에, 시원한 뭇국에 흠뻑 빠졌다.

"와! 맛있다."

"맛있어요."

내가 제일 듣기 좋아하는 소리다. 기운이 저절로 솟았다. 종일 서서 일하느라 뻣뻣해진 무릎이 씻은 듯이 말짱해졌다. 남편은 또 어떤가? 손주들 먹는 것만 봐도 배부른지 고기에는 손도 안 대고 막걸릿잔만 들고 덩달아 들떠 있었다.

남편의 그런 모습을 나는 좋아한다. 젊은 날의 가장자리에 다시 선 것처럼 빛이 난다. 그는 항상 가족을 위해서 최선을 다했다. 가벼운 월급봉투를 무거운 듯 받아 살아내는 일은 내 몫이었다. 아이들은 무럭무럭 잘 자랐다.

거실이 잔디밭인 양 퍼질러 앉아 벌인 삼겹살 굴밥 파티를 흐뭇하게 바라봤다. 애들이 고물고물 어렸을 때의 머릿속 낡은 앨범이 펼쳐졌다.

갓난이 적부터 기저귀 떼고 유치원, 초등학교까지 내 치마꼬리를 잡고 컸던 애들이다. 하나부터 열까지 내 손이 필요했던 시절이 있었다. 한밤중에 열나는 애를 싸안고 응급실로 달려가기가 몇 번이었던가.

대학 졸업하고, 취직하고, 시집 장가가면서 천수답에 물 빠지듯이 판세가 차츰 달라졌다. 내가 해줄 일이 점점 없어져 갔다. 귀찮아하는 엄마를 꼭 끌고 가서야 골라 입던 옷과 신발도 스스로 해결하는 것은 물론이고, 이느 때부터인가 아이들이 우리를 보살피는 형국이 되고 말았다.

이제 나는 아무것도 해줄 일이 없다. 장 담고 고추장

담는 일만 남았을 뿐, 김장도 딸네에서 해온다. 그래도 가끔 엄마 손맛이 향수처럼 생각난다고 할 때면 나는 바로 시장으로 달려간다. 먹는 것 이외는 이미 내 영역이 아니기 때문에 감지덕지하며 받아들인다.

그런데 지금은 내 입지가 더 좁아졌다. 바빠서 못 오는 자식 집에는 밥이며 국이며 들기름 발라 구운 김까지 챙겨서 가져가서 먹여야 직성이 풀리던 내게 어쩔 수 없는 금줄禁線이 쳐졌다. 원수 같은 '다이어트'란 놈이 내게서 만들어 먹이는 즐거움마저 빼앗아 갔기 때문이다. 밀가루도 안 된다니 그 맛있는 부침개도 금물! 탄수화물? 그건 또 밥 아녀? 지글지글 곱창구이도 그림의 떡일 뿐이다.

이제는 정말 애들에게 베풀 것이 아무것도 없는 것일까? 그렇다면 할 수 없지, 하고 쿨하게 마음먹으면 되련만 서운해지려 하고 '쟤들이 우리가 귀찮아서 그러나?' 하는 억지스러운 생각을 할 때가 있다.

노후를 힘들게 하는 원인 중 하나가 자식과의 보이지 않는 감정싸움이라는 글을 읽은 적이 있다. 맞는 말이다. 애들의 말과 행동 하나하나에 온 신경을 집중하는 것은 그만큼 자식들을 괴롭히는 일이 될 것이다.

'바쁘게 사는 젊은 애들에게 한가한 부모가 터무니없는 투정을 부려서는 안 되지.'

이러면서 내 안에 있는 욕심 많고 심술 맞은 노파를 다독이며 설득한다.

맛있게 먹고들 돌아갔다. 막내네는 남은 것 조금씩 싸서 보내고, 전날 버무려 놓았던 어리굴젓 병들도 나누어주었다. 하룻밤 더 숙성해서 냉장고에 넣으라는 말과 함께.

이틀 후, 작은딸의 반응이 단톡방에 떴다.

"대〜애〜박! 어리굴젓 엄청 맛있어요. 밥도둑이에요."

이어서 막내도 답을 보냈다.

"정신없이 굴젓에 비벼 먹다 보니 다 먹었네요."

벌건 밥풀이 붙은 빈 그릇을 덜렁 찍어 올렸다.

요즘 애들 표현으로 내 기분이 '째졌다.'

'굴을 또 한 번 주문할까?'

생각이 끝나기도 전에 손이 벌써 전화기에 가 있었다. 그까짓 돈 몇 푼 더 드는 게 대수냐? 생각하며 이번엔 넉넉히 주문했다.

　작은 데서 행복을 찾으며 사는 이것이 우리 부부가 살아가는 방법이다.

집중 공격

시장을 보러 가야 하나 말아야 하나, 끼니때가 되면 걱정이 앞선다. 장을 보러 가자니 냉장고에 그릇그릇 담겨있는 먹던 반찬들이 걱정되기도 하고, 머릿속엔 딱히 헤먹을 민한 음식이 떠오르지 않는다. 설사 떠오른다 해도 재료의 분량이 문제다.

콩나물을 한 봉지 사면 국과 나물 한 접시가 나온다. 둘이 먹기가 버겁다. 게다가 먹다 남은 콩나물을 냉장고에 넣었다가 꺼내보면 통통하던 본래의 콩나물 모습은 간데없고 가늘고 질깃하게 변해 있다. 시금치도 한 단을 사면 반은 신문지에 말아서 야채 칸에 보관해야 한다. 자칫 서랍에 넣어둔 걸 깜박하는 날에는 누렇게 시든 시금치는 바로 음식 쓰레기봉투 행이다.

대파는 더하다. 대파 사는 날은 바쁘다. 가을 같으면 화분에 묻어두고 먹을 수도 있지만, 시들기 전에 다듬어 보관해야 하기 때문이다. 다듬을 때 떼어낸 겉잎이랑 잘라낸 뿌리는 멸치 육수를 만든다. 육수는 작은 페트병에 나누어 냉동에 넣기도 하고 금방 쓸 것은 냉장고에 넣어두고 쓴다.

그나마 두부는 좀 낫다. 두부김치도 해 먹고 찌개에 넣기도 하지만, 그래도 끼니마다 두부 요리를 내놓을 수는 없다. 그럴 때는 소금을 약간 뿌리고 물에 담가 보관하면 좀 오래 뒀다 먹을 수 있다. 이 모두가 둘이 사는 데서 오는 불편함이다.

식구가 많을 때는 무슨 음식이든 푸짐하게 많이 만들어도 남아서 냉장고에 들어가는 일이 없었다. 애들이 한창 자랄 때와 커서 장정이 되었을 때의 우리 집 식탁은 풍성했고 나는 일류 주방장이었다. 수북수북 담아냈던 식탁이 식사 후에는 메뚜기떼가 휩쓸고 지나간 자리처럼 깨끗했다. 아마도 그때는 공광규의 시처럼 밥상머리에 올망졸망 얼굴 반찬이 맛있게 놓여 있었기 때문이리라.

모두 빠져나가고 둘만 남으니 해가 갈수록 음식 만드는 일이 겁난다. 몇 년 전까지만 해도 냉장고 안에 음식이 쌓이지는 않았었다.

가령 나물 반찬이 다시 냉장고에 들어가면 변하게 생겼을 때 내가 쓰는 방법은 나물 접시를 식탁 중앙으로 끌어다 놓으며 구령을 붙이듯 외치는 것이었다.

"집중 공격 실시!"

그러면 남편과 나는 부지런히 나물을 공략해서 접시를 비워내곤 했다.

근래는 전혀 그의 도움을 받지 못한다. 도움은커녕 잔소리가 늘었다. 내 입에는 아무 탈이 없는 반찬을 가지고 트집 잡기 일쑤다.

"찌개가 좀 짜지 않아?"

"멸치볶음이 너무 다네."

얼마나 입맛이 없으면 저럴까, 안쓰럽다. 하지만 애써 만든 성의를 몰라주나 하는 야속한 마음이 들기도 한다.

옛날 식사 후에 듣던 그 말을 언제 다시 들을 수 있을까.

"잘 먹었습니다."

늘 들어왔기에 귀한 말인 줄도 모르고 들었는데. 그립고 다시 듣고 싶다.

반찬을 만들어 집집으로 배달하는 사업이 번창한다고 한다. '핵가족, 핵가족'하고 외치던 시대가 지나 이제 혼밥, 혼술 시대가 돼버렸다. 혼자 사는 사람이 시금치 한 단을 사다가 어떻게 처리할까, 고민하지 않아도 된다. 마트에서는 시금치를 대여섯 뿌리씩 소분해서 팔던가 해야 장사가 될 것 같다. 무엇이나 소량 묶음이 필요하다.

일본은 그들이 본래 소식 민족이어서인지 선구자적인 면에서인지 일찍부터 소량 판매를 실행하는 것 같았다. 몇 해 전 일본 여행을 갔을 때 동경에 사는 조카네를 방문하게 됐다. 무얼 사갈까 생각하다가 전날 함께 식사하는 자리에서 그 집 어린 아들이 불고기를 맛있게 먹던 모습이 떠올라 마트로 갔다. 고기 코너를 보니 모두 소량으로 포장돼 있었다. 하는 수없이 여러 팩을 사는 수밖에. 부피가 장난이 아니었지만, 그래봤자 대여섯 근이나 될까. 선물이라고 내밀기가 민망했던 기억이 있다.

배달 반찬도 생각해 봤지만, 우리 세대에서는 받아들여지지 않는다. 여자들이야 시장보고 조리하고 시간 들이는 번거로움이 싫어 조금 입에 맞지 않아도 참고 먹는다지만 남자들은 용납은커녕 눈치도 없다. 사 온 반찬 쪽으로는 젓가락이 가질 않는다. 수십 년 먹어 길들어진 손맛을 원한다. 이제 와서 어쩌랴! 제 발등 제가 찍은걸.

다들 떠난 얼굴 반찬들을 불러 모을 수도 없으니….오늘도 식탁 머리에서 효험 없어진 지 오랜 헛된 구령,'집중 공격'을 나직이 읊어본다.

3장_춤을 잃은 고래

춤을 잃은 고래

"나도 남자가 있으면 좋겠어."

"엥? 할머니! 무슨 남자?"

밑도 끝도 없이 중얼거린 내 말을 들은 손녀가 눈을 화등잔처럼 크게 뜨고 나를 비리본다.

걱정스러운 눈빛을 보니 '드디어 할머니 정신에 사달이 났구나.' 하는 생각이 드나 보다.

"네 할아버지, 내 남편 다니엘. 그 남자가 필요하다는 말이었어."

갑자기 튀어나온 주책 같은 말이 손녀를 놀라게 한 모양이다.

"에이, 할머니도 참. 정말 놀랐잖아."

할아버지는 할머니의 무조건적인 후원자였다는 것을

손녀도 잘 안다. 남편의 칭찬을 세끼 밥 먹듯 먹으며 팔십을 넘게 살아온 나 아닌가.

'잘 썼네. 당신 글이 제일 재미있어.'

'잘 그렸어.'

'와, 이거 맛있다.'

'옷이 딱 맞아. 기분 좋아.'

너무 자주 듣다 보니 정말 칭찬하는 것인지, 아니면 내게 힘을 실어주기 위해 하는 빈말인지 모를 정도였다. 서예면 서예, 음식이면 음식, 그림과 글 쓰기를 시작한 후엔 그것까지 더해 칭찬해 주었다. 어쩌다가 '그건 별로'라는 표정을 지으면 나는 맥이 쭉 빠졌다. 칭찬도 중독이 되는 걸까? 오랜 세월 칭찬을 먹고 자란 내 습성이 그의 표정에 따라 일희일비하곤 했다.

그래서일까. 남편의 칭찬을 듣기 위해 나도 많이 노력했다. 자신 없던 글도 그가 추어주면 그 말을 믿고 싶었다. 실망하게 하지 않으려고 한 번이라도 더 퇴고했다. 맛있다는 칭찬에 반찬 하나라도 더 했고 정성 들여 상을 차렸다. 내가 지은 모시 중의적삼을 입고서 환한 표정을 짓는 그를 보면 재봉질로 굳었던 어깨가 펴졌다.

남편이 칭찬하면 할수록 나는 더 나은 여자가 되어갔다. 아내로, 엄마로 그리고 작가로.

늘 들어오던 말을 어느 날부터 듣지 못하니 어깨에서부터 힘이 빠져나가며 재미가 없다. 칭찬이 아니라고 좋다. 평소에 듣기 싫었던 잔소리조차 듣고 싶다.

내가 드라마에 몰두하고 있을 때, 주인공이 막 죽어가면서 마지막 말을 힘겹게 할 때는 침도 못 삼키며 보고 있는데 남편이 불쑥 끼어들던 일이 생각난다.

"여보 저 군자란은 아무래도 꽃을 안 피우려나 봐."

"호접난에 게각충이 생겼는데 어쩌지?"

나는 대답하지 않았다. 악이 올라서 일부러 그러기도 하고, 그나마 남은 대사라도 들으려고 집중했기 때문이다. 그때부터 둘 사이에 찬기가 돌았다. 남편의 생각은 그깟 텔레비전이 뭐 그리 대단하냐는 것이고, 나는 화초 얘기를 꼭 그런 때에 꺼내야 하냐는 것이었다.

그때는 텔레비전을 보거나 라디오를 들을 때 끼어드는 남편의 버릇이 정말 싫었다. 무시하고 대꾸하지 않는 나 때문에 남편이 삐쳐도 내가 참아준다고 생각했다. 사실은 둘만 있는 공간이 적적해서 말을 붙였을 텐데 말이다.

지금은 옆에서 말을 붙이면 한마디 대꾸는 해줄 것 같은데…. 아니 그가 옆에 있다면 아무리 재미있는 드라마도 당장 끌 수 있는데.

남편이 많이 아플 때, 그때는 내 인생도 끝에 다다른 것 같았다. 그가 병원에 입원했을 때는 나는 병실에서 잤다. 집에서 혼자 자기가 무서워서였다.

그는 자주 이런 말을 했다. 혼자 즐겁게 노는 방법을 터득할 거라고. 텔레비전에서 누가 나와서 그러더란다. 노년에는 혼자 잘 노는 법을 익혀야 한다고. 그 말에 크게 공감했다고 했다.

생각해 보니 그 말은 남겨진 나에게 해주고 싶은 말이었나 보다.

이제 무엇을 한들 누가 그만큼 관심 있게 봐주고, 먹어주고, 읽어주겠는가. 자식들? 애들도 그들만의 울타리가 있는데, 그 울타리를 넘겨다보며 관심을 끌어보려 하는 자신을 상상하는 것으로도 슬프다.

진심으로 격려해 주고 힘을 실어주던 남편. 이제 그는 별이 되었다. 그 후로는 의욕이 생기지 않는다. 그냥 껍

데기만 살고 있는 것 같다.

오늘 저렇게 푸르고 맑은 하늘을 보니 그 남자의 마약 같은 칭찬이 듣고 싶다. 다시 고래가 되어 춤을 추고 싶어지는 것이다.

그는 나를 춤추게 했던 푸른 바다였다.

나의 애장품

의자를 놓고 냉장고 위쪽 수납장을 열었다. 그런데 무엇을 꺼내려고 했는지 생각나지 않는다. 멍하니 들여다보며 놓여 있는 물건을 차례로 훑어봐도 내가 찾으려던 것이 무엇이었는지 여전히 깜깜이다. 요즘 자주 일어나는 증상이다.

잘 안 쓰는 집기들을 넣어둔 높은 수납장에서 신설로, 구절판, 찬합 사이로 다식판이 보였다. 아, 저 다식판은 내가 애지중지 아끼던 것인데 반갑다. 찾던 것을 잊어버린 김에 다식판을 들고 의자에서 내려왔다. 구석에 박혀 있었어도 우아한 자태는 변함이 없다. 오십여 년 전 인사동 골목을 지나다 우연히 고가구점에 들어갔다. 구석에 쌓인 목기 사이에 다식판이 보였다. 아주 오래

된, 귀티가 흠씬 풍기는 모습이었다. 눈을 뗄 수가 없었다. 마음을 뺏기고 말았다. 어느 쇠락한 사대부집 찬방에서 흘러나왔을까. 20인치 될까 하는 몸체가 상처 하나 없이 대춧빛으로 반들거리는 박달나무 다식판이다. 여섯 개를 박아낼 수 있는 구멍에는 국화, 복 복 자, 쌍희 자, 목숨 수 자. 매화꽃, 함박꽃 들이 음각으로 정교하게 새겨져 있었다. 나는 그 자리에서 결이 곱고 멋진 그를 망설임 없이 데려왔다. 그 당시 좀 무리를 했던 기억이 난다.

기름먹인 천으로 닦아 주방과 거실 사이 벽에 걸면 장식으로도 훌륭했다. 손자 손녀의 돌상을 차릴 때도 일등공신이었다. 잔치가 벌어지는 친척 집에서는 으레 우리 다식판을 빌려 가곤 했다. 그렇게 다시 전성시대를 맞아 화려하게 지냈던 다식판인데….

지금도 대춧빛 붉은빛으로 반들거리는 나의 애장품. 내가 가고 없을 때는 그나마 수납장 한쪽이라도 차지할 수 있을까. 가만히 쓰다듬듯 어루만져 본 후 제자리에 놓고 의자에서 내려왔다.

어린 날의 아침 풍경

날씨가 영하 11도라고 한다. 춥다. 베란다로 나가 블라인드를 열었다.

열자마자 햇살이 다투어 쏟아져 들어왔다. 눈부셨다. 거실 바닥의 먼지가 햇살에 그대로 드러났다. 눈을 돌려 버렸다. 이번에는 텔레비전이 눈에 들어왔다, 그 위에 뽀얗게 앉은 먼지와 함께.

'아침이나 먹고….'

다시 외면해 버렸다. 그러다가 기어이 청소기를 꺼내 들고 말았다. 커튼을 좀 늦게 열 걸, 후회하면서 청소기를 돌렸다.

휘리릭 거꾸로 도는 필름처럼 떠오르는 그림이 있다.

걸레를 두 손으로 짚고 넓은 대청마루에 엎드려 학교

복도 청소하듯이 주욱 죽 밀고 다니는 단발머리 계집
애.

육십 년? 아니 칠십 년 전쯤의 우리 집 아침 풍경이
다. 그때는 지금처럼 먼지도 별로 없었는데 아침이면
온 식구가 청소에 동원되었다. 어린 나도….

방문을 활짝 열어젖히고 이불을 개어 벽장에 넣고, 아
버지는 헝겊을 죽죽 찢어 가느다란 대나무 끝에 매어
만든 먼지떨이로 먼지를 털고 난 다음 비질을 하셨다.

증조할머니는 증손주를 돌보시고, 할아버지는 안마당
채마 밭에 벌레를 잡으시든가 화분에 물을 주셨다. 오
빠는 바깥마당과 집 앞 쓸기. 부엌에는 어머니가 도우
미 언니랑 아침 준비, 언니는 밥솥에 왕겨를 때서 밥을
지었다. 아궁이 앞 풍구 옆에는 언제나 영어단어 공책
이 세워져 있었다. 언니는 늘 우등생이었다.

왕겨를 땔 때는 요령이 필요했다. 왼손으로는 왕겨를
아궁이에 던져 넣으며 오른손으로는 풍구를 돌려야 하
는데, 그때 빅자를 잘 맞추시 못하면 물길이 갑자기 아
궁이 밖으로 뻗어 나왔다. 고개를 숙이고 단어를 외우
던 언니의 앞머리는 심한 누린내와 함께 뽀그르르 *끄슬*

리고 말았다.

　나는 할머니께서 빨아주는 걸레로 대청마루를 엎드려 밀고 다녔다. 싫다고 꾀부려 본 기억은 없다. 매일 아침을 여는 순서려니 했던 것 같다.

　다음은 아침 밥상을 받는다. 증조할머니, 할아버지, 아버지, 오빠는 아랫목에 차려진 사인반을 받고, 윗목에는 커다란 둥근상을 놓고 남은 식구들이 둘러앉아 먹었다. 할머니는 시어머니인 증조할머니가 계셔서 둥근상에 앉는다.

　가끔 아버지가 출근 안 하시는 일요일이면 우리 집 마당엔 이발소가 차려졌다. 마당 가운데 말을 엎어놓고 차례로 앉아 앞치마를 목에 두르면 아버지가 바리깡과 가위와 빗을 챙겨 나오셨다. 언니는 여고생이어서 머리를 양 갈래로 땋고 다녔으니 제외. 오빠의 빡빡이. 나의 단발머리. 나는 뒤통수가 튀어나와서 다른 애들처럼 예쁜 상고머리를 해 본 적이 없었다. 늘 아버지가 깎아주는 대로 단발머리로 초등학교에 다녔다. 아버지 솜씨가 이발소만은 못해도 창피할 정도는 아니었다.

　명절엔 가족 윷놀이를 해서 진 편이 노래를 했다. 각

자 무슨 노래를 했던가는 기억에 없지만 어머니의 일본 노래와 할머니의 '넓고 넓은 바닷가의…' 노래가 생각난다. 할머니의 노래 끝부분은 클레멘텡! 알아들을 수 없는 어머니의 노래보다 재미있어서 잊히지 않는다.

그때의 아침 청소, 머리 깎기. 윷놀이 등은 아버지의 주도 아래 이루어지는 행사였다. 그러고 보면 아버지가 꽤나 가정적인 분 같다. 그 시대에서는 거의 볼 수 없던 현대적인 분이셨다. 가을 운동회 날이면 귀빈석에 앉으신 아버지가 자랑스러워 우쭐하기도 했던 어린 시절이 햇빛에 뽀얀 거실 먼지 위로 아련히 떠오른다.

현주 母에게 답

甲子年 새해 들머리 하여 너희들 모두 健來하며 各自의
所願 成就 할것을 祈願하며 특히 현아 가希望하
는 工學 大學에 合格하기을 祈願한다

歲末에 너의 편지 받고보니 詩를 읽는 氣分이며
四五歲 덜 난은 少女 가튼 文章 万若에 文学方面
으로 나갓더라면 一流 女流文学家 되엿을 것인
게 참으로 아끼운 生覺이든다

보내준 돈은 外食을 나이 하고 섭섭는게 一 쓰고
一 하는 내 各種親 흥하書에 依한 祝金에나 부조金
으로 충당기로 하엿다

四男妹 等 節 調達에 往踏的으로 困難 난 너의 寄地
를 土意 하기 맛기에 민방기다

母도두 네가 나린 숙제는 언젠가 네게 가는 기회에
서배선생의 지도을 빌려가며 揮筆이 나띠
서 붙가一한다

부터 健來 들하기 축수 하며 이만 끗친다

1984三月 父書

장마와 기청제祈晴祭

하늘이 캄캄하다. 내리꽂히는 것 같은 빗줄기는 소리만으로도 굵기를 가늠할 수 있다. 벌써 며칠째 내리는 비다. TV에서는 위험특보를 발효 중이고 시시각각으로 수해 지역과 인명피해를 속보로 전한다.

빗줄기밖에 보이지 않는 밖을 내다보며 나는 어떤 생각에 빙긋이 웃음이 배어 나왔다. 이 상황에서 웃으면 안 되는 일이지만 너무도 또렷한 옛날의 그 행사가 생각나니 어쩔 수 없이 나오는 웃음이다. 향수 비슷하다고나 할까.

초등학교 일 학년이었나? 그때도 오랜 장마에 모두 걱정하고 있었다. 처음 물이 불어 무한천이 넘실댄다고 할 때는 동네 사람들이 물 구경을 가기도 했다. 그러던 무한천이 넘치고 영내 다리가 물에 잠기고 하니 심각해졌다. 텃밭에 심어놓은 푸성귀들은 흔적도 없이 녹아버렸다.

저녁 설거지를 끝낸 큰언니를 할머니가 부엌 앞으로 불러내셨다. 큰언니는 어머니의 부엌일을 도와주는 친척이었다. 할머니는 언니에게 솥뚜껑을 머리에 이고서 하늘을 향해 세 번 절을 하라고 시켰다. 그러고 나서 두 손을 비비며 기도하셨다.

"비나이다. 비나이다. 옥황상제님께 비나이다. 과년한 여식이 혼인날을 잡았는데 빨래를 해 입고 시집갈 수 있도록 비를 그쳐주소서."

너무도 경건한 할머니의 기도에 구경하던 우리는 크게 웃지도 못하고 킥킥거렸던 생각이 난다.

다음 날, 비가 그쳤던 것 같기도 하다.

기우제祈雨祭라면 모르는 사람이 없겠지만 기청제祈晴祭는 듣지도 보지도 못했을 사람들이 많을 것 같다. 정말 이렇게 하늘이 뚫린 것처럼 비가 계속 온다면 나라도 솥뚜껑을 머리에 이고 하늘을 향해 절하며 빌고 싶은 마음이다.

"비나이다 비나이다. 늙은 몸이 글 배우러 가는 날이 낼모레인데 옷을 빨아 입고 갈 수 있게 비를 멈춰 주소서."

어여삐 여기시어 들어주실 만한 간절한 기도 아닐까.

팔불출 엄마

봄 학기부터 인문학 시간에는 서양미술사를 듣는다. 어디에서 본 것 같은 친근한 사진도 많이 있는 두꺼운 책이다. 교수님이 교재를 인쇄해서 나눠주시며 하시는 말씀, "책이 있으면 소장 가치도 있고 좋지만 비싸니까 인쇄해서 배웁시다."

동작 빠른 문우들은 어느새 알라딘이며 인터넷 중고 서점 등을 뒤져서 구입하는 눈치다. 책이 두꺼워서 산다 해도 가지고 다니기 힘들고, 있는 책도 정리하려는 처지에 사고 싶지는 않았다. 그러면서도 왠지 나만 낙오되는 것 같은 느낌이랄까 기분이 묘했다.

지난 주말에 모인 아이들이 엄마의 공부에 관심 있는 척(?) 이것저것 묻는다. 책 이야기가 나왔다. 들고 다니기도 힘들고, 잘 알아듣지도 못하고, 글씨도 작은 책이라 관심 끊었다고 말했다.

"엄마, 중고 책 알아볼까?"

막내가 말했다.

"싫다. 얼마나 산다고….”

말하는 것과 동시에 아차 싶었다. 어미로서 하지 말아야 할 말이 불쑥 튀어나오다니. 약간 머쓱한 분위기였는데 금방 차려진 저녁 식탁에서 다시 화기가 돌았다. 9시가 넘으니 다들 돌아갈 채비를 한다. 나는 간식으로 해놨던 누룽지 튀김과 김치전을 챙겨주고, 마른반찬도 넣어 보냈다. 매주 거르지 않고 와주는 자식들이 고맙고 미안했다.

이번 토요일, 막내가 들어서면서 내 손에 봉투를 건넸다. 들여다보니 비닐로 밀봉된《서양미술사》다. 속으로는 반기면서도 화내는 척했다.

"안 사겠다고 했는데 사온 겨? 그것도 새 책을?"

"엄마, 당근에서 반값에 샀어요."

그렇게 나는 저 무거운 책의 주인이 되고 말았다. 책은 무겁지만 자랑하려면 참고 매주 들고 다니는 수밖에 없겠다.

검은 그림자를 퇴치하다

열흘 사이에 두 번이나 핸드폰 잃어버려 애를 먹었다. 여학교 시절 6년 동안 조회 시간에 줄곧 들어 꿈에서도 익숙한 노래, 〈솔베이지의 노래〉 작곡자 이름을 생각하려고 하면 '가우디'가 생뚱맞게 먼저 떠올랐다. 몇 날을 혼자 끙끙 앓다가 겨우 '그리그'가 생각났다. 그런가 하면 3대 명차인 벤츠, 아우디까지는 알겠는데 다음 BMW가 생각나지 않아 밤을 새울 뻔도 했다. 이런 작은 사건들이 나를 괴롭혔다.

자식들 보기엔 아무렇지 않아 보인다고 하지만, 나는 치매가 아닌가 두려웠다.

"할머니, 외출 준비하세요. 모시러 갈게요."

손녀가 아침부터 서둘렀다.

걱정만 하지 말고 확실히 검사를 받아보자고 했다. 데리고 간 곳은 기흥구 보건소의 치매안심센터였다.

검사를 시작하기도 전에 가슴이 두근거렸다. 머릿속으로 '오늘이 2023년 3월 22일 수요일' 중얼거려보고, 혜민이는 구구단을 무작위로 물어 답을 말하게 했다. 주소도 외워보고 물어볼 만한 말들은 짐작해서 정리도 했다. 접수에서부터 본인이 자필로 써야 하고 검사실에도 혼자 들어가야 했다.

책상을 사이에 두고 상담원과 마주 앉았다. 가슴이 쿵쾅거리는 소리가 들리는 것 같았다. 잔뜩 긴장한 내 모습이 딱해 보였는지 편하게 대답하라고 친절히 말해주었다. 문제는 다 맞게 대답했고 견본을 보고 그대로 그려야 되는 문제들을 하는 도중에 '민수는 자전거를 타고 공원에 가서 11시부터 야구를 했다.'를 따라 말하게 했다. 그림그리기, 숫자 메우기 등을 열심히 하고 나니 아까 했던 말을 다시 해보란다. 한자도 틀리지 않고 자신있게 말했다. 다시 이것저것 또 묻고 난 후 "이제 끝났습니다. 그런데 좀 전에 했던 말을 한 번 더 해보세요." 했다. 그런데 민수가 했던 운동이 야구인지 농구인지

축구인지가 생각나지 않았다. 결국 못 맞추고 실망하고 있는데도 상담원은 좋은 성적이라고 했다.

나는 너무 걱정돼서 큰 병원에 가서 정밀검사를 받아볼까도 생각했다고 했다. 상담원은 자기 소견으로는 비싼 검사비 들여 할 필요 없다고 하며 치매는 전혀 걱정 없으니 내년에도 와서 인지검사를 받으라고 했다.

오늘은 기분이 이렇게 좋을 수가 없다. 사위가 장모님 봄바람 쐬어 준다고 농촌테마파크로 차를 돌렸다. 품속으로 파고드는 봄바람이 싫지 않다.

치매 예방 수칙 3.3.3의 설명은 3勸= 즐길 것(운동. 식사. 독서), 3禁= 참을 것(절주. 금연. 뇌 손상 예방), 3行= 챙길 것(건강검진. 소통. 치매 조기 발견)이다.

나도 검은 그림자를 퇴치한 기념으로 치매 예방 수칙 3.3.3을 만나는 사람마다 입 아프게 전도해야겠다.

먼저 가는 게 이문이여

안과 예약을 했다. 버스 타고도 갈 수 있고 집에서도 멀지 않은 곳을 찾는 것이 나의 안과병원 찾기의 최우선 조건이었다.

황반변성 진행 과정을 검사하느라 6개월에 한 번씩 삼성동 S 안과에 다녔다. 그런데 용인으로 이사 온 후 2년 가까이 가지 못했다. 그동안에 더 진행되었는지 시력이 떨어지는 것 같아서 병원에 가는 게 시급했다. 그러나 아는 병원도, 소개받을 병원도 없어서 무조건 버스에서 내려 오래 걷지 않을 거리에 있는 병원을 물색했다. 거리만 보겠다고 생각했는데 또 병원 규모도 봐야 했다. 시설이 열악하면 안 되니까. 까다로운 검사라서 의사의 이력도 보게 됐다.

예약하고 한숨 돌리고 나니 곧이어 지병처럼 몸에 밴 서러움이 스멀스멀 기어 나온다. 검은 머리 파뿌리 되도록 같이 살자고 약속해 놓고 먼저 가버린 그가 원망스럽다.

'배신자 같으니라구.'

그가 아플 때는 한 걸음도 걷지 않도록 차로 모시고, 병원 예약은 물론이고 모든 절차를 내가 다 했다.

남편은 안약도 혼자 넣지 못하는 사람이었다. 안약도 못 넣는데 인슐린주사는 더욱 놓지 못했다. 나는 간병인이고 운전기사였고 마누라였다.

나도 아프면 당연히 그가 해줄 줄 알았는데 훌쩍 떠나버렸다. 혼자 남은 나는 스스로 해결해야 할 일이 많아졌다. 늘 다니던 종합병원 정기 검사와 일주일에 한 번 가는 안양 평생교육원은 큰사위가 맡아서 데리고 가 준다. 그것만도 미안해서 어찌할 바를 모르겠는데 더는 바랄 수 없다. 내가 외출할 일이 있는 걸 알기만 하면 당연히 누구든 나서겠지만 아직은 다닐만하니 짐이 되고 싶지 않다는 생각에 되도록 혼자 해결하려고 노력한다.

그런데 내가 하는 행동이 자칫 잘못하면 자식들을 불효자로 만들 수도 있다는 생각에 조심스럽다. 늙고 혼자 남으니, 행동거지도 생각해야 하고 어른 노릇도 하려면 참기도 해야 하고 불편하기 짝이 없다. 그래서 가끔 혼자서 중얼거린다.

"먼저 가는 게 이문이여."

호야꽃

호야꽃이 피었다. 공기정화식물이라기에 심어놓고 무심히 물만 주었는데도 초여름이면 이렇게 예쁜 꽃을 피우다니 놀랍다.

화분을 가져와 탁자 위에 놓고 자세히 들여다본다. 넝쿨식물답게 길고 가늘게 뻗은 갈색 줄기에 연두색 잎이 마주 보며 나 있고 동백 나뭇잎처럼 타원형으로 두껍다. 밋밋한 잎 가장자리는 흰색 테를 두르듯 무늬가 있다. 잎겨드랑이에 꽃대가 나와 핀 꽃은 언뜻 보면 수국같이 둥근 송이처럼 보인다.

그런데 더 자세히 들여다보면 꽃대 끝에서 한마디쯤 되는 줄기가 스무 개도 넘게 갈라져 있다. 그 여러 개의 끝마다 별 모양의 분홍색 꽃들이 피어 있다. 매화 꽃잎을 닮은 분홍 꽃잎은 새끼손톱의 반 정도나 될까. 다섯 장의 꽃잎 속에 씨방처럼 자리 잡은 꽃술을 받치듯 별 모양의 분홍 꽃잎이 다섯 개 또 있다. 자줏빛 씨방 한가운데는 좁쌀처럼 흰색 점이 있다. 손톱만 한 작은 꽃 속에 똑같은 별 모양 꽃이 또 들어 있는 앙증맞은 호야꽃은 피어 있는 기간도 길어 눈을 즐겁게 한다. 게다가 향기도 넘치게 진하지 않고 은은하고 달착지근하다.

별 무더기 같은 호야꽃을 들여다보면, 불현듯 어린 시절 여름밤 평상에 누워 바라보던, 별이 쏟아질 것 같던 하늘이 그립다.

맨드라미

맨드라미꽃을 보면 어릴 적 내 꽃밭이 떠오른다, 지금
도 눈을 감으면 내가 즐겨 가꾸던 소박한 꽃밭으로 달
려갈 수 있다. 미음 자*로 지어진 우리 집 앞마당은 꽤
넓었다. 할머니를 졸라 채소밭 한 귀퉁이를 얻어냈다.
귀퉁이라지만 밭의 앞쪽이어서 안방에서도, 대청에서
도, 건넌방에서도 문만 열면 곧바로 보이는 곳이었다.
아홉 살 된 나는 봄부터 들뜨곤 했다. 동무들과 꽃모종
바꿀 것을 미리미리 약속해 놓기도 하며 꽃밭 모양을
머릿속에 그렸다. 비 오는 날이면 우산도 거추장스러워
안 쓰고 동네를 휘저으며 동무들과 바꿔 온 꽃모종 심
기에 바빴다. 비 맞으면 머리에 이 생긴다고 질색하시
는 할머니의 잔소리도 못 들은체했다.

봉숭아꽃 싹을 내어 양숙이의 분꽃과 바꾸고, 선자네 백일홍과도 바꿨다. 삼색 채송화로 꽃밭 둘레를 빙 둘러 울타리 삼고, 키 낮은 순서로 봉숭아, 보라색 과꽃, 색색의 백일홍. 달리아 등으로 꾸몄다. 저녁때 피어 보리 삶을 시간을 알려준다는 분꽃은 밭 양옆에 자리를 잡아줬다.

어느 날, 내 꽃밭에 관심은커녕 쳐다보지도 않으시던 할아버지가 맨드라미 모종 몇 개를 얻어다 주셨다. 처음 보는 꽃이었다. 붉은빛 줄기에 잎은 봉숭아 잎처럼 끝이 뾰족하며, 잎맥이 불그스름한 색이었다. 꽃밭 구석에서 소리 없이 자라더니 여름에 꽃을 피웠다. 닭 볏 모양의 꽃은 여름 햇볕에 타는듯한 빨강이다. 넙죽하고 구불구불 주름 잡힌 꽃은 점점 건강한 수탉 볏처럼 위용을 떨쳤다. 무심한 할아버지가 손녀에게 보여주신 관심이 내심 기분 좋았다.

한여름 대청에서 밥 먹던 식구들은 가끔 내 꽃밭을 화제 삼았다.

"경희가 꽃밭을 아주 이쁘게 꾸몄구나."

아버지 말씀에 우쭐했다. 내가 가꾼 나만의 세계가 뿌

듯했다. 그 작은 꽃밭은 나의 상상대로 마음껏 그려보
는 스케치북이었다.

　가끔은 얼굴도 생각나지 않는 엄마를 떠올려보는 것
도 그 꽃밭 앞에서였다.

여든 잔치는 끝났다

어떻게 멋지게 보낼까? 어떻게 보내면 두고두고 꺼내
볼 수 있는 추억이 될까. 생일을 반년쯤 앞에 두고 틈만
나면 생각하고 꾸며보는 게 재미있었다. 누가 어디를
다녀왔는데 좋았다 하면 나도 여든 생일을 그리로 갈
까, 이리저리 흔들렸다. 그러는 동안에 거의 지구를 한
바퀴쯤은 돈 것 같다. 돈이야 있다가도 없고, 없다가도
있다고들 한다. 내 경우에는 없다가 있어 본 적은 없지
만 어쨌든 남들이 그렇게 말하니까 믿고 싶을 뿐.

통장 바닥에 깔린 돈을 닥닥 긁어서 그 멋있다는 크루
즈 여행을 떠나 볼까? 배 타고 세계여행, 얼마나 호사
스러울까. 말만 들어도 있어 보인다. 옛날에 배 타고 장
강 삼협 여행을 한 적이 있다. 5일 동안이었지만 나는

늘 크루즈 여행을 해 봤다고 떠벌렸다. 틀린 말도 아니고 그 여행도 나름 멋있었다. 양쯔강을 거슬러 올라가며 강 양편으로 펼쳐지는 산수도 멋있었고, 꿈속 같은 안개도 좋았고, 선상에서 심심찮게 열리는 각종 행사도 재미있었다. 장강도 그 정도인데 세계여행은 얼마나 화려할까. 생각만으로도 가슴 두근거린다.

아니야, 이탈리아를 가 봐야 해. 가톨릭 신자로서 성지순례는 못 할지라도 교황청이 있는 로마도 가봐야지. 그리고 피렌체. 이름 자체로도 설레는 피렌체. 지명만 머리에서 익히고 어느 나라인지는 나중에 알았다. 순서가 바뀐들 그게 뭐 그리 대수냐, 예술가를 낳은 피렌체라는 게 중요하지. 다빈치, 단테, 베르디, 푸치니, 미켈란젤로도 있던가? 지난 공부 시간에 피렌체 가본 사람 손들라 했을 때 나만 멀뚱히 앉아 있었다. 그러니 피렌체로 갈까.

그러면 스위스는 어떡하고? 거기도 못 가본 곳. 국경을 슬쩍 지난 일은 있지만 그걸 가봤다고 말하면 뻥이지. 발 도장을 찍으러 다니는 것도 아니고 얻은 게 있어야 하니까. 하다못해 내가 궁할 때 주워 오는 조약돌이라도 있어야 다녀왔다고 할 수 있을 게다.

꿈은 아무도 방해 못 한다. 그래서 좋다. 그렇게 상상 여행이 끝날 때쯤 생일이 다가왔다. 여든 살 생일, 와! 오래도 살았다. 시험공부하기 싫어 소설책 읽던 때가 엊그제 같은데 여든이라니.

다시 여행 이야기가 나왔다.

"엄마, 어디 가고 싶어?"

'기껏 동남아쯤 생각하는 딸에게 피렌체라고 하면 기절하겠지?'

"글쎄, 어디가 좋을까, 찬바람이나 나면 생각해 보자."

주책없는 속마음을 감추고 엄마다운 대답을 했다.

이젠 정말 찬바람이 나는 구월이다. 애들의 빚을 덜어 주기 위해서라도 어디든 다녀와야 할 것 같다. 여행의 허영을 못 채울 바에는 재미난 곳, 좋았던 곳을 다시 가 볼까 한다. 이번엔 남편은 떼어 버리고 외손녀 둘만 데리고 떠날 생각이다. 큰손녀는 내가 못 하는 것들을 챙겨주는 든든한 백과사전이다. 나이가 어려서 아기로만 보이던 작은딸네 손녀 이현이가 이젠 대학 졸업반이니 할머니의 수준을 맞출 만하다.

크루즈 여행에서 아주 겸손하게 낮추어 내 주머니 사정에 걸맞은 곳을 찾을 생각이다. 여행 생각을 하면서 111년 만이라는 더위를 훌쩍 지나쳤다. 못 가본 곳이 없이 모두 가봤던 머릿속 여든 여행은 행복했다. 이제 장소보다 의미가 중요한 손녀들과의 여행을 즐기고 여든 잔치를 끝내려고 한다.

4장_카지노 체험기

통신 강의

딸에게 또 문자를 보냈다.

"지금 통화할 수 있니?"

바쁜 딸의 눈치를 보면서도 시도 때도 없이 전화한다.

"응, 엄마. 왜?"

"인쇄를 한 쪽만 하고 싶은데 두 쪽이 연달아 나오는
건 왜 그러니?"

"컴퓨터 앞에 계신 거죠? 제가 부르는 순서대로 해보
세요."

"와, 된다. 고마워. 선생님아."

이 사람 저 사람에게 어깨너머 배운 컴퓨터 실력이 벽
에 부딪힐 때가 한두 번이 아니다. 배워놓고도 한동안
하지 않으면 까맣게 잊어버리곤 한다. 그럴 때마다 딸

에게 전화한다. 그러면 또다시 딸의 친절한 통신 강의가 시작되고 시키는 대로 따라 하면 신기하게도 성공이다.

나는 기계의 사용 설명서를 읽고 습득하는 데는 빵점이다. 주로 남편이 읽고 말로 설명을 해줘야 겨우 알아듣는 형편이다. 그런 주제에 혼자 공부하겠다고 《컴퓨터 쉽게 배우기》라는 책을 샀다. 아무리 읽어도 도무지 이해를 못 하겠다. 짐작한 대로였다. 하는 수 없이 딸에게 도움을 청했다. 딸의 설명은 명확하게 머리에 쏙쏙 들어왔다. 만점짜리 명강의다.

컴퓨터라는 기계는 나와는 무관한 물건이라는 생각에 관심조차 없었다. 그런데 베이징에 사는 손자들과 국제전화 대신 소통할 수 있다는 말이 솔깃하게 들렸다. 뭔가 배우기는 늦은 나이에, 더구나 완전 기계치인 나에게는 큰 용기가 필요했다. 돈을 들이지 않고 보고 싶은 아이들과 마음껏 이야기하겠다는 일념으로 배우기 시작했다.

제일 먼저 컴퓨터 부팅을 익히고 메일 쓰기와 보내기를 배웠다. 배울 때부터 스승은 딸이 되기도 하고 어떤 때는 사위, 아들, 며느리가 되기도 했다. 손녀 이현이가 자라서 최근 선생 노릇을 하고 있다. 큰딸 다음으로 믿음직하고 유능한 강사다.

메일을 쓸 때면 자판기 위에서 바쁜 건 손가락 두세 개뿐이다. 이른바 독수리 타법이라던가. 서툴지만 손자들과 재미나게 메일을 주고받는 즐거움에 푹 빠질 수 있었다. 그러다 보니 사진도 보내고 싶고, 블로그도 만들고 싶고, 여기저기 카페도 기웃거려보고 싶었다. '말 타면 종 부리고 싶다.'는 말이 있지 않은가? 능력보다 욕심이 앞서 다시 딸과 통신 강의를 시작했다. 하다가 막히면 곧바로 전화한다.

"딸! 글을 쓰는데 왜 자꾸 칸이 벌어질까?"

"카페에 사진을 올리고 싶은데."

"문서나 이미지 파일을 첨부하려면?"

이런 식으로 운전 중이거나 잠잘 때거나 나의 통신 강의 선생님은 바쁘다. 그렇게 염치없이 배운 것이 모두 머릿속에 저장되어 있으면 좋으련만 배운 시간보다 훨씬 빠른 속도로 머릿속에서 빠져나가 버리는 데는 미칠 노릇이었다. 미안해하면서 자식들에게 물으면 들려오는 소리가 달갑잖았다.

"아유, 저번에 가르쳐드렸잖아요."

온몸에 힘이 빠지며 주눅을 들게 하는 말이다.

그러나 큰딸만큼은 절대 그런 말을 하지 않는다. 딸은 나를 유치원생 가르치듯 차근차근 몇 번이고 되풀이하며 가르쳐 준다. 못 알아듣고 엉뚱한 질문이나 해대는 엄마 때문에 얼마나 속이 터질까? 그런데도 알아들을 때까지 설명하고 다시 묻기를 반복해서 완벽하게 알게 해준다.

이처럼 유능한 강사가 있는가 하면, 막내 녀석은 어미가 SOS를 보내면 이렇게 말한다.

"엄마가 쓰는 컴퓨터와 제가 쓰는 것이 같지 않아서요. 직접 보지 않고는 못해요. 주말에 가서 가르쳐드릴게요."

돌아오는 대답에 나는 마음을 다치곤 한다.

'한시가 급한데 일하다 말고 주말까지? 어미 성질 급한 걸 모르는 겨?'

'학원에 가서 기초부터 배울까? 자존심 상하네.'

뛰어나게 명석한 머리는 아니었지만, 내 머리가 이 지

경이 된 것이 순전히 나이 탓이거나 아니면 전신마취 경험이 있는 사람은 기억력이 떨어진다는데 그 탓이 아닐까 싶다.

"공부도 다 때가 있다, 열심히 해라."

어릴 적에 귀가 따갑도록 듣던 말이 이제 와서 실감 난다. 뒤늦게 후회하는 할미의 어리석음을 손자들이 보고 깨달으면 좋겠다. 그러나 희망 사항일 뿐, 그 애들도 나처럼 세월을 딛고 올라선 후에야 알게 될 것이니 안타깝기만 하다.

오늘은 바쁜 딸에게 전화하는 일이 생기지 않기를 바라며 컴퓨터 앞에 앉는다. 그러나 내가 컴퓨터와 놀고 있는 동안은 딸과의 통신 강의는 이어질 수밖에 없을 것 같다.

결혼식이 달라지고 있다

신문을 읽기 시작했다.

신문을 읽지 않는다고 은근히 얕잡아 보는 남편의 압력에도 끄덕하지 않던 내가 지금은 먼저 차지하고 읽는다. 나는 새벽 시간을 신문과 함께 보낸다. 그 후부터 남편과의 애깃거리도 풍성해졌다. 옳으니 그르니 하며 서로 핏대를 세울 때도 있지만, 신문 읽기는 어느새 하루를 여는 의식처럼 되었다.

신문을 읽다 보면 서로 헐뜯고 끌어내려야만 자기가 올라설 수 있다고 믿는 정치판의 추태, 전자 발찌가 어떻고, 탈세가 어떻고 거기다 횡령까지…. 눈살이 찌푸려지고, 어느 땐 쓰레기장에 서 있는 기분이 들 때도 있다.

그래도 공감할 만한 내용이나 보석처럼 반짝이는 흐뭇한 기사를 보면 '살 만한 세상'이라는 생각이 든다. 신문은 세상과 소통하는 열린 문이다.

어느 날 '부모의 눈물로 올리는 웨딩마치'라는 제목 아래 기사가 눈길을 끌었다.

꽃장식 비용이 2,000만 원이라니…. 세상 물정이 어두운 나로서는 동그라미 하나를 뺀 값이라도 입이 벌어진다. 겨우 두세 시간밖에 안 되는 결혼식을 위하여 그런 치장이 꼭 필요한 걸까?

기사를 읽다 보니 결혼식에 초대되어 갔을 때 느꼈던 불편한 느낌이 살아난다. 하객들은 오랜만에 만난 지인들끼리 그간 쌓인 이야기에 주인공을 보는 눈은 건성이다. 심지어 입구에서 축의금 내고 방명록에 이름 적고 식당으로 직행하는 하객들도 있다.

식사하면서 진행되는 결혼식도 크게 다르지 않다. 끼리끼리 앉은 테이블에서도 조용함은 없다. "오랜만이야, 별일 없지?", "아이는 대학 갔어?", "취직은?" 등 이야기에 여념이 없다. 신랑 신부를 축하해 주러 온 분위기보다는 자신이 받은 축의금을 갚으러 온 것 같다.

주인공이 빛을 잃은 씁쓸한 분위기가 아닌가.

그런 결혼식에 비하면 친구 아들의 결혼식은 유쾌하고 기억에 남는 결혼식이었다. 얼마 전 친구가 아들이 결혼한다면서 청첩장을 건넸다. 주례 없이 사회자와 부모들이 진행한다고 했다. 신랑 어머니인 친구는 주례사 대신 축사를 읽겠다고 하며 원고를 보여줬다.

우아하게 한복 입고 축사를 읽을 때, A4용지보다는 두루마리 한지에 써서 길게 늘어뜨려 가며 읽는다면, 고전적인 멋이 돋보일 것 같은 생각이 들어 주제넘은 자청을 하고 나섰다.

"내가 한지에 세필細筆로 써 줄게."

결혼식은 신랑 친구의 사회로, 양가 어머니들이 촛불을 켜고, 신랑 신부가 손잡고 입장했다. 다음은 신랑 어머니의 축사, 지금도 기억하는 축사 한 구절을 옮겨본다.

세상에 믿을 사람 없다더니 그 말이 정말이더라고요. 왜냐고요? 아들이 어릴 때 늘 입버릇처럼 말했답니다. 나는 엄마와 결혼할 거라고요. 그러던 놈이 어느 날 아름다운 아가씨의 손을 잡고 와서는 결혼하겠다고 하지 뭡니까. 그때의 충격으로 저는 십 년은 더 젊어져 버렸답니다.

와르르 하객들의 웃음소리가 터졌다.

다시 큰 소리로 "이렇게 씩씩한 신랑감 어디 있나요?" 하고 외치는 순간 두 며느리와 딸이 하객들 틈에서 불쑥 일어서며 "어디 있나요?" 큰 소리로 복창했다.

또 이어 "이렇게 예쁜 신붓감 어디 있나요?" 했다. 이번에도 세 여인의 복창, 깜짝 놀란 하객들의 웃음소리와 우레와 같이 쏟아지는 박수 소리.

다음은 신부 아버지가 고수의 북장단에 맞춰 사랑가를 불렀다. 결혼식장만 아니라면 예사롭지 않은 음색에 끌려 재청하고 싶을 정도였다. 하객들도 이색적인 결혼식 진행에 흥미로워했다. 잠시 추억에 빠지게 하는 것도 신문의 힘이다.

기사는 요즈음은 허례허식을 뺀 작은 결혼식이 늘고 있다는 반가운 소식으로 이어졌다. '1,000명의 작은 결혼식 릴레이 약속.' 그 약속이 매일 이어지고, 약속 증서를 받는 회원들도 늘어가고 있다고 한다. 사회 저명인사를 비롯한 각계각층에서 이어지는 약속 릴레이는 정말 아름답다. 젊은이들이 솔선해서 생각을 바꾸어 준다면 부모의 눈물이 아닌 '웃음 속에 올리는 웨딩'이 될 것이다.

오늘 또 기분 좋은 기사가 실렸다. 모 여대에서 작은 결혼식 패키지를 무료로 제공하고 있다는 내용이다. 잔디 광장과 교회를 식장으로, 의상과에서 드레스를, 미용과에서 메이크업과 헤어스타일을 담당하고, 웨딩플래너과에서 식장과 대기실 디자인을, 영상방송정보과에서는 결혼식 장면을 카메라에 담아 신혼부부에게 전달했다. 학생들은 하객 안내를 돕고, 축가도 불렀다.

'학생들을 준비 과정에 참여하도록 해서 진정한 결혼식의 의미를 생각해 볼 기회를 만들자.'는 것이 학교 총장의 생각이라고 한다. 사회에 공헌하고, 학생은 실용적 학과의 특성을 살려 실습하고, 시민은 알뜰하게 결혼식을 할 수 있는, 이야말로 일거양득의 '작은 결혼식 패키지'라 하겠다.

우리 아이들이 결혼할 때는 청첩장을 찍지 않았다. 가

까운 친척 외에 꼭 알려야 할 사람에겐 전화로 알렸다. 예단도 생략했다. 모두 무던한 사돈댁을 만난 덕분에 잡음 없이 진행했다. 오히려 친척 중에 "아무개가 뭐가 부족해서 예단을 안 받아요?" 하는 이도 있었지만, 남편의 '집안 형편에 맞게'라는 확고한 결심에 더는 뒷말이 없었다.

두 아들은 성당에서 결혼했다. 큰아들이 결혼한 성당 옆에 내가 운영하던 서예학원이 있었다. 많지 않은 손님이라 서실을 뷔페식당으로 꾸며, 밤새워 장만한 음식으로 손님 대접을 했다. 은은하게 배인 묵향과 어우러진 피로연 분위기는 기대 이상이었다.

그렇게 치른 가난한 월급쟁이의 자식 결혼이었지만, 아이들 입에서 단 한 번도 원망하는 소리는 듣지 못했다.

집이라도 처분해서 화려한 혼사를 치렀다면, 우리는 지하 월세방에서 지내는 신세가 됐을 것이고, 잠깐의 호화는 흔적도 없이 긴 고통만 이어졌을 것이다.

힘들겠지만 자식들이 씩씩하게 서로 우애하며 사는 모습이 행복해 보여서 좋다.

결혼식은 잠깐이지만 결혼은 평생 이어지는 것. 어느

쪽에 의미를 두어야 하는지, 달라지는 결혼식이 답해
주고 있다.

카지노 체험기

막내의 주선으로 언니랑 세 자매가 여행을 떠나는 날
이었다. 수술한 무릎이 걱정스러웠지만, 놓칠 수 없는
기회였다. 설레는 마음으로 새벽에 집을 나섰다.

만나기로 한 언니네 집에 도착해 보니 뜻밖에 여섯째
남동생이 새로 뽑은 차를 가지고 와 있었다. 막내가 언
니와 나를 깜짝 놀라게 하려고 저희끼리 짜놓은 계획이
었던 모양이다. 그런데 올케가 샤워부스에서 미끄러져
팔에 깁스했단다. 우리만 가는 게 미안했다.

베론성지에서 11시 30분 미사에 참례할 수 있었다.
행운이었다. 미사 후 나는 그늘에 앉아 있었고, 세 사람
만 성지를 둘러보고 내려왔다. 나도 불편한 다리로 따라
왔는데 올케도 같이 왔으면 좋았겠다는 생각이 들었다.

2시가 넘어서야 정선에 도착했다. 정선시장 먹자골목에 들러 곤드레밥과 콧등치기 국수를 먹었다. 늦은 점심이라 다들 맛있게 먹었다. 말린 곤드레나물 한 봉지씩을 샀다.

목적지인 강원랜드 호텔에 도착. 짐을 풀자 곧바로 막내가 우리를 데리고 카지노로 내려갔다.

이번 여행은 처음부터 나 때문에 시작됐다. 퇴원하고 집에만 있어서 답답할 테니 가을바람이나 쏘이러 가자고 했다. 처음 나온 의견은 막연했지만, 강원도로 가자는 막내의 제안을 받아들였다.

"그류, 그럼 강원랜드로 가쥬. 작은언니는 그런 곳 한 번도 못 가보셨다메유."

"애, 난 그런 디 가 본 일도 없구, 고스톱 말구는 딴 노름은 할 줄도 모른다."

"재밋슈, 언니도 금방 할 수 있을 겨."

구경조차 해 본 일이 없는 순 촌뜨기인 나는 은근히 호기심이 발동했다.

입장료는 5천 원, 주민등록증 검사를 했다. 사북에 거주하는지를 알아보기 위한 것이라고 했다. 지역 주민들은 한 달에 한 번만 출입이 가능하기 때문이란다. 비행기 탑승할 때처럼 몸 검색대도 지나갔다.

영화에서 보았던 카지노와는 달랐다. 어둑한 조명 아래 펼쳐진 처음 보는 풍경이 신기했다. 쉴 틈 없이 돌아가는 기계 앞에 앉아 있는 사람들 표정은 가지각색이었다.

'노름꾼들이 왜 저렇게 생겼지? 영화 속 사람들은 그래도 좀 멋있어 보이던데.'

동네 이장같이 생긴 사람도 심각한 표정으로 버튼을 눌러댔다. 경운기를 몰았음직한 투박한 손가락으로…. 일확천금을 꿈꾸는 걸까? 한 해 농사를 망쳤나? 예사로 보이지 않았다.

카드 판에는 눈에 핏발이 선 남녀들이 입은 굳게 다물고 있었다. 닿으면 손이라도 베일 정도의 날카로움이 칼날같이 서려 있었다.

버튼을 두드려대기에 바쁜 또 다른 손. 언제 바른 것인지 반쯤 벗겨진 빨간 매니큐어가 뭉툭한 손톱에서 칙칙하게 번쩍였다. 부스스한 저 머리는 감은 지 며칠이나 지났을까?

대충 구경을 하고, 나도 막내에게 간단히 배워 자리 잡고 앉았다. 서투르니 재미가 없었다.

'고스톱판처럼 상대가 사람이 아니고 기계라니, 그러니 표정이 살벌해질 수밖에….' 혼자 중얼거렸다.

잠깐 사이 6만 원을 잃었다. 더 도전할 마음이 없었다. 카지노에서 그까짓 6만 원을 잃고 포기하다니, 촌스럽고 쩨쩨하다는 생각도 들기는 했지만, 아무래도 나는 고스톱 체질인 것 같다. 힐링에는 양념처럼 수다가 곁들인 고스톱판이 제격인데…. 혼자 방으로 올라와 버렸다. 고생한 다리도 쉬게 해줄 겸 얼음 팩을 무릎에 대고 누웠다. 우리 방 노름꾼들은 시간이 꽤 지났는데도 오지 않았다. 텔레비전을 보다가 설핏 잠이 들었다.

12시가 넘어서야 언니, 남동생, 막내 순으로 하나씩 올라왔다. 막내 정희는 꽤나 재미를 본 눈치였다. 나만 처음 해 보는 거여서 재미를 느끼지 못했는지도 모른다. 제일 수입이 좋았다는 막내가 여행 경비 일체를 내기로 했다.

다음 날, 10시에 체크아웃 후 집으로 가려던 일정이 바뀌었다. "핸들 잡은 사람 마음"이라며 남동생은 부산으로 핸들을 꺾었다. 부산에 사는 형을 보러 가자는 것이었다. 네 남매가 여행하다 보니 형 생각이 난다고 했다. 부산 동생은 골프장을 운영하고 있다. 바다를 왼쪽으로 끼고 해안도로를 달렸다.

콧노래를 흥얼거리며 모두 가을 경치에 흠뻑 취했다. 높은 하늘과 깊은 산, 낙엽송의 단풍은 햇볕을 받아 황금빛으로 반짝이며 따라와 주었다. 캔버스에 노랑 물감을 아끼지 않고 칠한 유화 한 작품, 세계 명작이 우리의 여행길을 장식해 주고 있었다. 우리가 풍경에 푹 빠질 수 있었던 것은 남동생 덕이었다.

오후 5시, 부산에 도착. 다섯째 남동생이 사장으로 있는 예쁜 골프장이었다. 아름다운 조경과 융단 같은 잔디. 여러 품종의 소나무는 고고한 선비의 자태를 보는 것 같았다. 나는 골프장도 처음 들어와 봤고 카트를 타고 27홀을 돌아보기도 처음이었다. 여기서도 나만 완전 촌것이었다. 갑자기 당치도 않은 골프가 배우고 싶어졌다. 순전히 골프장의 아름다움에 반해서.

동생네 집에서 펼쳐진 와인 파티. 12시가 넘어도 시공을 넘나들며 애기꽃이 질 줄 모르고 피어올랐다. 울

것 같다가 다시 웃고 웃다가 다시 울컥하고…. 다시 웃고, 회고하고.

언니를 선두로, 칠 남매 중에 셋째인 나. 다섯째, 여섯째, 일곱째만 모였지만. 훈훈한 홍 씨네 오 남매의 입담은 끝이 없었다. 새벽녘에야 게스트룸으로 내려와 피곤한 몸을 눕혔다. 조금 전까지 이야기를 나누었던 오 남매의 얼굴이 하나씩 떠 올랐다. 내내 즐거워하던 언니부터 나를 위해서 여행 계획을 한 막내, 운전을 맡은 남동생, 그리고 예정에 없이 만나서 더 반가웠던 다섯째 남동생…. 덕분에 생전 처음으로 카지노도 가 보고 골프장도 가 본 것이 마치 꿈을 꾼 것 같았다. 행복하고 웃음이 저절로 나오는 꿈.

무거운 눈꺼풀 사이로 강원랜드 카지노 풍경이 어른거렸다. 문득 빨간 손톱의 여자가 생각났다. 허름했던 그 여자는 지금도 죽어라 버튼을 눌러대고 있을까? 아니면 손 털고 일어나 집으로 갔을까? 공연히 남 걱정에 잠이 오지 않았다.

꿈

마이하마 호텔에 도착. 세 시간 후면 선학회 전시회 오프닝이었다. 이번 미타카시 국제교류협회전에서 사회를 맡게 되어 좀 들떠 있었다. 외국인들(일본인) 앞에서 사회 보는 것은 처음인 데다 통역을 옆에 세우고 한마디씩 번갈아 말해야 하니 말의 맥이 제대로 이어질까도 걱정되었다. 〈1000만 명 목표 한글 보급회〉 후원을 위한 전시회인 만큼 교포들도 많이 참석할 거라는데 더 신경이 쓰였다.

짐을 풀어 정리를 시작했다. 앗! 이게 웬일인가. 분명히 보자기에 곱게 싸서 챙겨온 한복이 없는 것이다. 오픈식에는 회원 모두가 한복을 입는 것이 선학회의 38년 전통이다. 더구나 해외 전시에서야 더 말할 나위가 없다. 큰일이었다. 머리를 번개같이 굴려 보아도 일본 땅에서 한복을 빌릴 수 없는 건 너무나 뻔한 일이 아닌가. 애꿎은 가방만 이리 털고 저리 털고 하다못해 작은 주머니까지 뒤져보며 괜한 헛수고만 반복했다. 국내라면 급하게 가져오겠지만, 그래도 답답한 마음에 집으로 전화라도 하려니 주머니에 있어야 할 스마트폰까지 없는 게 아닌가. 호텔 방 전화기를 들었다. 그런데 이번엔 이게 또 무슨 일인가? 집 전화번호가 생각이 나지 않았다. 남편 전화번호도 아이들 번호도…. 머릿속이 컴퓨터 화면의 '모두 삭제' 키를 누른 것처럼 하얬다.

눈앞이 캄캄해지더니 어지럽기 시작했다. 금방 토할 것같이 속이 메슥거렸다. 화장실로 달려갔다. 너무도 더러웠다. 발을 들여놓을 수가 없다. 오물투성이였다. 진땀이 났다. 구역질이 나는 한편 소변은 금방 쌀 것처럼 마려웠다. 에라, 모르겠다. 조심히 마른 곳을 골라가며 발을 내딛는 순간 아뿔싸, 쭈르륵 미끄러지고 말았다.

으악! 내 고함에 놀라 눈을 번쩍 떴다. 사방을 살펴보니 우리 집 안방이었다. 나는 침대 위에서 오줌이 잔뜩 마려운 채 잠을 깼다. 온몸을 더듬어 살폈다. 말짱했다. 얼마나 다행인가 생각하면서도, 그 낭패스러웠던 상황이 생생하게 떠올랐다. 중요한 한복도 못 챙기고, 집 전화번호도 잊고, 온몸에 오물을 묻히다니 이게 무슨 꿈일까? 머리칼이 축축하게 땀으로 젖어 있었다.

떠나려면 아직 며칠 남았는데 얼마나 긴장했으면 그런 황당한 꿈까지 꾸었을까? 소심한 내 성격이 또 한 번 싫어지는 순간이었다.

오물투성이 화장실에서 넘어지는 순간에 깼으니 망정이지, 시원하게 소변을 봤더라면? 그날 내 침대 시트는 흥건하게 적셔지는 참상을 면치 못했을 것이다.

어릴 적 오줌을 싼 날은 항상 요강이나 화장실에서 오줌을 누는 꿈을 꾸곤 했다. 한밤중에 할머니에게 궁둥짝을 얻어맞고, 요를 걷어내고, 옷을 갈아입는 소란을 피운 후 다시 잠들었다. 다음 날 아침엔 할머니 눈치를 슬슬 봤지만, 할머니는 시침을 뚝 떼시고 내 부끄러움을 묻어주셨다. 빨아놨던 차디찬 속옷으로 갈아입히고, 추워서 오들거리는 나를 품고 재워주시던 할머니. 따뜻했던 그 품이 그립다.

팔십을 바라보는 나이에 오줌 누는 꿈을 꿔서 침대를 적셨더라면 노망났다고 소문날 뻔했다. 떠나려면 아직 며칠 남았지만 이제 슬슬 짐을 꾸려야겠다. 구길까 봐 항상 맨 위에 살짝 얹어서 가져갔던 한복. 이번엔 맨 밑에 단단히 챙겨 넣어야겠다.

풀빵집 모녀처럼

"고맙다, 다녀올게."

미금역 3번 출구로 데려다준 딸에게 말하며 차에서 내렸다.

매운 겨울 날씨에 뺨이 시리다. 오늘은 안국동 모임에 나가는 날이다. 지하철 쪽으로 가는데 어쩐지 손이 허전하다. 어? 핸드폰! 퍼뜩 생각났지만 차는 이미 교차로에서 유턴해 보이지 않는다. 안국동까지 소요 시간을 검색하고는 옆에 놓고 내린 것이다. '에구, 교통카드. 에구, 현금카드…' 발을 동동거려 보지만 뾰족한 수가 떠오르지 않는다. 먼저 공중전화를 찾아 딸에게 전화해야 한다는 생각에 두리번거려도 옛날엔 자주 보이던 공중전화 부스가 눈에 띄지 않는다. 아침 일찍부터 남의

가게에 불쑥 들어가 전화를 빌릴 용기는 없었다.

그때 3번 출구 옆에 있는 작은 포장마차가 눈에 들어 왔다. 국화빵 리어카다. 모녀인 듯한 두 여인이 장사 준 비를 하느라 한창 바빠 보였다. 가까이 다가가 용기를 내 말했다.

"죄송하지만 전화 좀 빌릴 수 있을까요?"

"네, 번호를 말씀하세요, 걸어드릴게요."

고맙게도 흔쾌히 대답해 주었다. 그런데 이 일을 어쩌나. 딸 번호가 떠오르지 않았다. 잊어버린 것이다. 언젠 가 꿈에서도 그랬다. 그런데 현실에서 똑같은 일이 생 기다니, 꿈속에서 느꼈던 것과는 비교할 수 없이 당혹 스러웠다. 이런 낭패가 있나. 잠시 머릿속이 또 하얘졌 다. 그렇게 멍하니 서 있던 시간이 얼마나 길게 느껴졌 는지 모른다.

'아! 그래, 내 전화번호.'

차에 두고 내린 내 전화로 걸면 되는 것을. 머리가 제 대로 회전되는 데 걸린 시간이 한심스러웠다.

풀빵 모녀 사장의 따뜻한 친절이 없었다면 그 추운 날 얼마나 애를 먹었을까. 집에 올 때 들러서 고맙단 인사를 하고, 그날 저녁에 우리 집에서 풀빵 파티를 열었다.

핸드폰에 관한 에피소드는 그 후에도 있었다. 며칠 전 집 뒤 법화산 둘레길을 걸으려고 보온병에 커피를 담고 간편한 샌드위치를 만들어 야심 차게 나섰다. 숲속 길에 낙엽이 쌓여서 발이 미끄러웠다. 벤치에 앉아 잠시 카톡을 열어보며 커피를 마셨다. 골절 경험이 있는지라 겁도 나고, 다치면 애들 걱정 끼치고 이런저런 생각을 하다 그만 내려오기로 작정했다.

가까이 사는 딸네나 들르자고 생각하며 산 아래 운동장을 지나 아파트 입구에 다다랐다. 핸드폰에 저장해놓은 현관 번호를 보려고 가방을 열었다. 그런데 있어야 할 핸드폰이 없었다. 커피를 마시며 열어보다가 또 옆에 놓고 내려온 것이다. 카드 분실 신고와 여러 가지 골치 아픈 절차들이 떠올랐다.

운동장을 가로질러 산 중턱까지 있는 힘을 다해서 뛰었다. 어디서 그런 힘이 났는지 지금도 신기하다. 산 중턱 벤치에 얌전히 앉아 있는 핸드폰이 그렇게 예뻐 보일 수가 없었다.

불과 열흘 사이에 이런 일을 겪고 나니 부쩍 걱정된

다. 경도인지장애는 아닐까? 인지장애는 치매의 문턱이라던데. 이렇게 깜빡거리다 어느 날 자식들도 못 알아보고 "누구세요?" 한다면? 몸도 추스르지 못하고 남의 도움을 받게 된다면?

내가 나를 놓아버릴 때 생겨날지도 모를 여러 모습이 눈앞에 펼쳐진다. 무섭다. 어쩔 수 없이 그 길로 들어서게 된다면 다 잃어버리더라도 자식 얼굴 알아보기와 몸가짐만은 흐트러지지 않게 지내다 가고 싶다.

친척 어른 한 분이 지금 치매를 앓고 있다. 평소에 그분을 말할 때 '부처님 가운데 토막 같으신 분'이라고 했다. 그렇게 점잖고 마음 넓은 분이 지금은 남편과 자식밖에 알아보지 못한다. 정신만 없을 뿐 인자한 모습은 여전하다. 가끔 살림하던 기억이 돌아오는지 주방에 나가 쌀을 찾을 때도 있고, 자식들이 다녀갈 때는 용돈을 줘야 한다며 주머니를 열심히 뒤적인단다. 평소에 늘 긍정적이고 남을 먼저 생각하던 분이어서 병도 착하게 앓고 있는 것 같다.

'피할 수 없는 길이라면 나도 그분처럼….'

아, 지금 내가 무슨 생각을 하고 있지? 머리를 세차게 흔들어 상념을 쫓아버린다. 여기서 나약해지면 안 된다. 머리 쓰는 일과 손 놀리는 일은 치매 예방에 탁월한 방법이라고 하지 않던가. 생각해 보니 나는 이미 오래전부터 치매 예방을 하고 있었다.

육십여 년을 써 온 붓글씨. 천재성은 없을지언정 나는 서예를 좋아한다. 생각이 뒤엉킬 때 조용히 앉아 연적의 물을 벼루에 붓고 먹을 갈고 있으면 은은히 퍼지는 묵향에 머릿속이 어느새 가을 하늘처럼 맑아진다. 정봉에 먹물을 흠뻑 찍어 화선지 위에서 왕희지와 안진경과 때로는 공자와도 노닌다. 이렇게 좋은 예방을 하고 있는데 사서 걱정하다니.

요즘 재미 삼아 배우고 있는 그림도 치매 예방에 한몫하지 않을까? 삼십여 가지의 물감으로 사물을 채색하는 그림 놀이도 재미있다. 우거진 숲과 하늘을 자주 그린다. 올리브그린과 코발트블루를 주로 쓰는 내 그림이 나는 좋다. 자기만족은 발전이 없다지만 그냥 시원해서 좋을 뿐이다. 지금은 시력 때문에 거의 손 놓다시피 한 자수도 다시 시작해 볼까?

생각이 온통 치매 예방법에 빠져 있다가, 불현듯 미금

역 풀빵 모녀 사장이 떠올랐다. 추운 날 변변한 바람막이도 없이 리어카에서 풀빵을 팔면서도 밝은 표정으로 딱한 사람을 선뜻 도와주던 모녀. 그래서일까, 리어카가 어느 베이커리 못지않게 따뜻해 보였고, 그들이 당당하고 활기차 보였다. 배려심이 몸에 밴 듯한 그들에겐 매일의 노동과 부지런함이 곧 치매 예방법이 아닐까 싶기도 하다.

바쁘게, 밝게 그리고 따뜻한 마음을 지닌 그 모녀처럼 산다면 치매를 염려할 겨를도 없지 않을까.

괄약근 유감

남편은 식사 도중에 사레가 잘 걸린다. 어머님이 밥상에서 자주 그러셨는데 남편이 대물림했다. 음식을 삼키다가 갑자기 얼굴이 빨개지며 숨을 쉬지 못해 괴로워한다. 기도와 식도의 괄약근이 제 기능을 하지 못해서 일어나는 증상이라고 한다. 그는 점잖은 식사 자리에서도 그럴까 봐 고민한다.

사람의 몸에는 여러 군데의 조임살이 있다고 한다. 그런데 이것들이 나이가 들어가면서 탄력을 잃어 느슨해지고 제 본분을 제때 못해서 생기는 현상일 것이다.

나도 이 시원찮은 조임살 때문에 남편보다 더 깊은 고민을 한다. 위쪽이 아닌 아래쪽에서 얼굴 빨개지는 일이 자주 일어나기 때문이다. 무심코 일어설 때나 길을 갈 때에도 내 의지와는 상관없는 신체의 멜로디. 주위의 소음이 있는 곳에서는 나만 느낄 수 있는 정도라서 일단 마음이 놓인다. 하지만 조용한 곳에서 그런 사태가 일어날 때는 정말 쥐구멍이라도 찾고 싶은 심정이다.

나이가 들어 여러 기관이 삐거덕거리는 것은 참을 만하다. 그러나 이 조임살의 직무태만을 어찌 감내할 길이 없다. 텔레비전에서 들은 대로 괄약근 운동도 때와 장소를 가리지 않고 해 보지만 효과가 있는 건지 없는 건지…. 불쑥불쑥 나오는 데는 대책이 없어 난감하다.

얼마 전 일이다. 외출에서 돌아오는 길이었다. 아파트 현관에서 막 닫히려는 엘리베이터에 뛰어가 탔다. 대학생인 듯한 젊은 청년이 혼자 타고 있었다. 4층 버튼을 누르려는 순간, 나의 야속한 괄약근이 책임 소홀로 기어이 사고를 쳤다. 방심한 탓이다.

"삐용~"

소리는 왜 또 그렇게 크던지, 내 귀에는 천둥소리보다 더 크게 들렸다.

좁은 공간에. 그것도 낯선 남자랑 단둘이 있는 공간에

서 울려 퍼진 야릇한 멜로디. 순간 어찌할 바를 몰랐다. 그러나 소리를 주워 담을 수도 없는 노릇. 미룰 데도 없는 시치미를 떼고 서 있을 수밖에 없었다. 40층을 올라가는 시간만큼이나 오래 걸려 4층 엘리베이터 문이 열리자 곤두벌레 튀어나오듯 뛰어나왔다. 곤혹스러운 상황에서 빨리 풀려났다는 안도감도 잠시. 다시 얼굴이 화끈거렸다.

내가 조금만 더 차분했더라면 얼마나 좋았을까.

"아이구, 미안해요. 늙어서 그런가 봐요."

학생에게 너스레로 넘길 수도 있지 않았을까.

그 학생은 제집에 가서 어땠을까? 가는 동안 잊어버렸을까? 혼자 킥킥거렸을까? 아니면 집에 들어서며 신발도 채 벗지 않고 제 엄마에게 얘기했을까?

"으하하하, 엄마! 나 지금 엘리베이터에서 웃음 참느라고 죽는 줄 알았어."

"어떤 할머니가 급히 뛰어와 타더니 뻬융~하고 방귀를 뀌는 거야, 그리고 시치미를 딱 떼고 시 있는 거야."

"다행히 냄새는 나지 않았어, 그 할머니 4층에서 내렸는데, 나 그 할머니 얼굴 알아, 하하하."

그랬을 것 같은 장면이 떠오르면 지금도 얼굴에 불을 지핀 듯 뜨겁게 달아오른다.

'어이구 내가 이러고 살다니.'

나이 들어 생기는 원치 않는 일들은 생리적인 현상에서만이 아니다. 감정적인 곳에서도 불쑥불쑥 나온다. 그래서 마음의 조임살도 항상 긴장하고 조이며 살아야 하는데, 하지 않아도 될 말이 의지와는 상관없이 튀어나올 때가 있다. 조금 섭섭한 일이 있어도 옛날처럼 참고 기다릴 줄 알던 '사람 자리'를 지켜야 한다. 내가 그들에게 섭섭하면 나만 그럴까? 그들도 나를 섭섭히 여기는 일들이 있을 텐데 말이다. 여러 번 생각하고 난 후, 말을 할 때까지 마음의 괄약근을 단단히 조여야겠다.

노화된 육신의 괄약근은 통제가 어렵지만, 마음의 조임살은 마음먹기에 따라 노화를 늦출 수 있으리라 믿는다.

사이버 망명

　누룽지에 물을 넉넉히 부은 냄비를 약한 불 위에 올려놓은 후 신문을 들고 왔다.

　앞면을 대충 훑으며 사회면을 펼치자 커다란 머리글자가 눈에 확 들어온다.

　"며느리가 '사이버 망명'했다."

　대강의 내용은 이렇다. 카톡이나 페이스북 같은 SNS가 고부 갈등의 새로운 무대로 등장했다는 것이다. 시어머니의 감시를 피하기 위해 카카오톡을 나와 시어머니가 모르는 제3의 메신저로 '사이버 망명'을 떠나기도 한단다. 과거 고부 갈등은 주로 대면 접촉이나 통화에서 비롯됐는데, 최근에는 'SNS 고부 갈등'이 늘어나고 있다고 한다. 며느리들은 '부모님 세대가 SNS 매너를 익히지 않은 상태에서 사용하는 것이 갈등의 원인'이라고 주장한다.

기사는 꽤 길다. 31줄씩 3단의 기사 중에 끝부분의 단 14줄이 부모의 입장이다. 사위, 며느리와 격의 없이 지내고 싶은 마음에 SNS를 하는 건데 오해한다는 것이다.

'며느리에게 카톡으로 말을 걸 때는 시어머니 입장에서도 나름 용기를 내는 건데 며느리들은 너무 어렵게 생각한다.'

'기껏 생각해서 조언했는데 한참 뒤에야 마지못해 "네" 한 마디만 돌아올 때 섭섭하다.'

'시댁과는 어떤 형태로도 엮이기 싫은 게 아닌가 하는 생각이 든다.'

머리가 띵하다. 나는 어떤가? 아니, 우리는 어떤가? 우리 집에도 가족 단톡방이 있다. 하루를 시작할 때나 저녁에 쉬는 시간이면 여기저기서 톡이 올라온다. 아침이면 아침 인사와 함께 그날 할 일을 말하기도 하고, 저녁엔 하루를 마무리하는 말, 가령 낮에 먹은 음식이 최악이어서 돈만 날렸다든가, 맛있으니 다음에 같이 가자든가.

그러고 보니 내가 톡방에 제일 많이 들락거리는 것 같다. 시간이 넉넉하고 자식들 안부가 궁금하니까. 하루를 열고 닫는 것이 단톡방의 수문장 수준이다.

낮에도 수시로 근황을 알렸다. 산책길에서 만난 예쁜 꽃도, 색다른 음식을 했을 때도 사진을 찍어서 올렸다. 애들이 재미있어 했다. 아니, 재미있어 한다고 생각했다.

먼저 반응을 보이는 것은 큰며느리다.

명절에 남은 음식으로 끓인 전골의 비쥬얼이 그럴듯했다. 사진 먼저 올린 후 설명을 쓰고 있는 사이 큰며느리의 댓글이 재빨리 올라왔다.

"어머! 어머님, 전골하셨네요. 맛있겠당."

그래서 남편과 내가 큰며느리에게 붙여준 별명이 '댓글 여사'다.

모두 함께 보낸 여름휴가 때 큰아들이 단톡방 개근상을 만들었다. 작은딸도 큰며느리 못지않게 빠짐없이 댓글을 올렸다. 응답 속도는 큰며느리가 우세했는데도 개근상은 작은딸이 차지했다. 주최 측의 농간인지 모르겠지만.

김 씨네 단톡방은 늘 시끌시끌 명랑하게 굴러간다고 생각했다. 털끝만큼의 의심 없이…. 집안 행사도 전화로 주고받을 필요 없이 단톡방에서 결정지었고, 출장이나 여행을 갈 때 바빠서 우리 집에 못 들르면 단톡방에서 인사를 대신하기도 했다. 여러모로 편리했다. 바쁜 아이들에게는 더없이 필요한 공간이지 싶었다.

그랬는데 자꾸 생각이 깊어진다. 며느리는 어땠을까. 꼬박꼬박 댓글을 보내려면 짜증 나지 않았을까? 내가 혹시 어른이라는 핑계로 함부로 말 방망이를 휘둘러대지는 않았는지? 또 그 방망이에 맞아 상처는 입지 않았는지? 하고 싶은 이야기 보내며 혼자서만 신났던 건 아닌지? 관심도 지나치면 간섭이라는데 그러지는 않았는지? 철없는 늙은이는 되지 말아야 할 텐데 걱정이다.

부드럽게 잘 끓여진 누룽지 아침상을 차리면서도 머릿속은 '사이버 망명' 때문에 온통 엉망으로 뒤엉켜 있다.

우리 댓글 여사도 카카오톡을 탈퇴하고 '텔레그램'으로 망명해 버리면 어쩌지? 큰며느리에게 속마음을 물

어볼 수도 없고. 편리한 세상이라고 생각했는데, 그 세
상은 우리 시어머니들에겐 해당이 없는 걸까. 누룽지가
목에 걸려서 넘어가지 않았다.

졸운^{卒運}하는 그 날까지

겨울 들어 차가 자꾸 말썽을 부린다. 시동을 걸면 냉큼 걸리는 게 아니라 푸르륵푸르륵 맥없는 소리를 내며 차가 흔들린다. 무섭다.

'이러다 급발진?'

하필이면 앞에 서 있는 비싼 벤츠라도 들이받을까 겁난다.

끄고 다시 시동을 걸어본다. 내 발에 힘이 모자라나 싶어 온 힘을 발에 모아 브레이크를 힘껏 밟고 시동을 걸어 봐도 마찬가지였다. 힘찬 엔진 소리가 아닌 맥없이 꺼질 것 같은 푸르륵푸르륵. 쿨럭쿨럭거리며 흔들리기까지 했다. 그러면 나는 왼발로 브레이크를 밟고 오른발로 액셀을 조금씩 눌러준다, 부룽부룽 부르룽… 말하자면 '후까시'를 넣는다. 그제야 엔진소리가 정상으로 돌아온다.

누가 볼까 봐 주위를 살핀다. 창피해서다. 늙은이가 늙은 차를 탄다고 얕볼까 봐서다.

요즘 이렇게 시동이 잘 안 걸리는 차가 있을까. 옛날에는 겨울이면 엔진이 얼까 봐 차 커버를 씌우는 등 수선을 피웠다. 그러고도 아침이면 여기저기서 시동거느라 주차장이 소란했다. 그때 배운 '후까시'다. 전문 용어는 모르지만.

여기저기 알만한 지인들에게 물어봤다. 돌아오는 대답은 하나 같이 배터리가 약해서일 거라 했다. 내 기억으로는 교체한 지 2년밖에 안 된 것 같은데.

하는 수 없이 단골 카센터에 갔다. 별 이상이 없다고 했다. 배터리는 어떠냐니까 쓸 만하단다. 겨울이라 그럴 거라고 했다. 지하 주차장에 주차하고, 겨울에도 운전할 때 멀쩡했던 차가 올겨울이라고 더 추위를 탈 리가 없을 성싶은데. 답답했다.

"배터리를 갈면 괜찮을까요?"

"그래 보시든지요."

확신 없는 대답에 그날은 결정 못 하고 집으로 왔다. 며칠 또 속을 끓이며 다녔다. 생각이 많아졌다. 차를 바꿔? 저게 내 마지막 차라고 생각했는데…. 지금 당장은 차 없이는 곤란하다. 지하철은 무릎 때문에 계단을 오르내리기 힘들고, 만원 버스에서 오래 서 있는 것도 어렵다. 그러니 차가 없으면 자연히 집에 있는 날이 많아질 것이고 그러다 보면 방구석이나 지키는 할 일 없는 노파가 될 테니 걱정이다.

'절대 그럴 수는 없지.'

차는 바꾸지 못할망정 배터리라도 갈아보자 싶어 다시 카센터로 갔다.

옛날에는 5년을 넘기지 못하고 차를 바꿨다. 기계는 모르고, 겁은 많고, 한 번씩 고장 나서 놀라고 나면 언제 어디서 또 속을 썩일지 몰라서였다. 남산 3호 터널 앞에서 갑자기 보닛에서 연기가 났을 때 놀랐던 일은 꿈에서도 기억하고 싶지 않은 큰 사건이었다.

사장은 쓸 만하다고 말했으면서도 내가 갈러 왔다니까 군말 없이 갈아줬다. 하긴 무슨 말이 무슨 필요할까, 손해도 아닌데.

'그래도 그건 아니지. 시동생 친구이고 20년 가까이 다니는 단골인데.'

돈을 12만 원이나 처들이고 왔는데도 차는 호전된 기색이 없었다.

사위에게 자문하려고 전화했다. 자세히 듣더니 보지 않고서 확신할 수는 없지만 어딘가 청소를 한번 해보는 게 좋을 거 같다고 했다. 반포에 있는 자기 단골 카센터에 부탁해 놓을 테니 그리로 가보라고 했다. 곧바로 찾아갔다. 사위 말대로 트로틀 바디 청소라나 카본 청소라나를 하면 된다고 했다. 엔진의 연료를 뿜어주는 장치라고 했다. 두 시간쯤 걸린다기에 옛날 단골이던 옷집에 가서 충동구매도 하며 커피도 얻어 마시고 두 시간을 보냈다.

차는 언제 그랬냐 싶게 부드럽게 시동이 걸렸다.

그동안 속 끓인 것을 생각하니 동네 카센터 사장에게 짜증이 났다. 오랜 세월 믿고 다니던 단골인데 그도 나이 먹은 탓인가? 그런 긴단한 것노 짚어내지 못하다니, 이제는 신뢰가 가지 않는다.

한동안 아무 탈 없이 잘 다녔는데 이번에는 계기판의

미끄럼 주의 표시등이 꺼지지 않고 계속 켜져 있는 것이 아닌가. 미끄럼 표시등인 줄만 알고 있었는데 설명서를 보니, '차체 자세제어장치 작동 표시등'이라는 기다란 명칭이었다. 계속 켜져 있으면 곧바로 검사해야 한다고 쓰여 있었다.

어쩌랴. 당장 반포까지 갈 수는 없고 급한 대로 또 단골 카센터에 들렀다. 나는 아직 바꿀 때도 안 된 오일을 갈아가며 경고등 이야기를 했다.

"비 올 때 다녀서 그래요, 금방 괜찮아질 겁니다."

그는 아무것도 아니라는 듯 힘도 안 들이고 말했다.

'정말 괜찮을까?'

갸우뚱하며 집으로 오는 수밖에. 그러나 아니었다. 며칠 기다려 봤지만 그대로였다. 슬그머니 겁이 났다.

또 사위에게 전화했다.

"단순 고장이면 괜찮은데 자세제어장치에 고장이라면 위험하죠. 현대자동차 블루핸즈로 가셔서 검사받으셔야 하겠네요."

'그 사람 공부를 너무 안 하네.' 사위는 혼잣말로 중얼거렸다.

사위 말대로 블루핸즈에 가서 무상으로 일체 점검을 받고 건강하다는 진단을 받고 나니 마음이 가벼워졌다.

그러나 이번엔 차가 아닌 내 문제로 고민이 생겼다. 차를 타고 나가면 '늙은이가 무슨 운전, 집에 구구로 박혀있기나 하지' 하며 쳐다보는 것 같다. 마치 초보 시절 "아줌마, 집에 가서 밥이나 하지." 하며 일부러 짓궂게 쳐다보던 것처럼.

'고령자 운전면허 반납제'니 65세 이상 운전자가 일으킨 교통사고가 2013년 이후 15.1%가 증가했느니 신문에 떠들고 있는 판이라 운전도 눈치 보인다. 고령 운전은 인지능력이 떨어지고 감각의 순발력도 떨어져 사고 대응에 취약해진다고 한다.

그러나 내 생각은 좀 다르다. 나이가 있으니 더 신중한 운전을 하며, 불끈불끈 성질내며 상대를 위협하는 위험 운전은 절대 하지 않는다. 이건 내 생각일 뿐, 나는 뭇사람들의 눈치를 보며 운전한다. 나이 먹은 것이 죄인 것처럼.

운전을 언제 그만 두느냐 하는 졸혼卒婚아닌 졸운卒運 여부를 결정지어야 하는 상황이 내 앞에 닥쳤다. 이런

판국에 차를 바꿀 수도 없으니 잘 달래가며 졸운하는
그날까지 동행해야 하지 않을까 하는 생각이다.

내 인생의 환승역

환승역 또는 갈아타기 역은 서로 다른 노선이 만나는 지점에서 상대 노선 열차로 갈아탈 수 있는 역을 뜻한다. 인간도 태어나서 죽을 때까지의 여정에 몇 개의 환승역이 있다. 취업, 결혼, 출산. 자녀 결혼. 배우자 이별…. 그리고 죽음이라는 종착역은 정해져 있으나 어디서 어떤 환승을 하느냐에 따라 삶의 노선이 달라진다.

옆자리를 지켜주던 언니가 결혼의 행복 역으로 환승한 후, 나도 답답한 제자리를 벗어나고 싶었다. 그때 결혼이라는 환승을 하지 않았다면 지금 나는 어디쯤에서 어떤 사람이 되어 있을까?

오래전부터 꿈꾸며 가고 싶었던 그림과 문학의 역은 쉬이 갈 수 없는 노선이었다. 지금은 그 역에서 서성이고는 있으니 다른 바람은 없다. 서성이는 그 자체만으로 행복하다. 네 번의 출산역에서의 환승. 좀 더 안락하고 편한 승차감을 맛보며 간간이 간이역에서 맞이한 새 식구들에게 옆자리를 내어줄 수 있는 여유도 있었다. 환승을 멈추고 달리기만 하던 인생 열차에서 어느 날 남편이 말도 없이 내려버렸다. 아마도 종착역을 착각했나 보다. 좀 더 남았는데 성급하기는….

나도 거의 내릴 때가 가까이 온 것 같기는 한데 안개가 너무 짙어 분간이 어렵다. 안개가 걷히면 여기저기 경치를 감상하며, 옛시조를 읊조려가며 달리고 싶다. 바쁠 일 없으니 이번엔 아예 완행으로 환승해 볼까나.

아홉수를 넘긴 후 든 생각

"엑스레이, CD와 소견서 써드릴 테니 큰 병원으로 가세요."

의사의 말이 떨어지는 순간 눈앞이 깜깜해지며 '아, 아홉수를 못 넘기고 이렇게 끝나는구나.' 하는 생각이 들었다.

폐렴이라고 했다. 폐에 물이 찬듯하니 자녀들과 의논하라고도 했다. 노인들에게 폐렴이 얼마나 무서운 것이라는 걸 너무도 잘 안다. 달포 전에 일흔일곱 된 제부도 폐렴으로 입원한 중환자실에서 집으로 돌아오지 못하고 떠났다.

몸살인 줄 알고 대수롭지 않게 여겼다. 한 이틀 앓고 나면 낫겠지, 했는데 열이 오르며 기침을 했다. 가파른 고개를 올라가듯 숨이 차고 목 속에서는 고양이같이 갸 롱갸롱 하는 소리가 기분 나쁘게 났다. 기침은 쉴 새 없이 나오고 그럴 때마다 갈비뼈를 누가 밟기라도 하는 듯 으스러지도록 아팠다. 목 속에 달라붙어 떨어지지 않는 가래와 기침 때문에 잠도 누워서 잘 수 없었다. 베개를 세 개 겹쳐 쌓은 후 기대어 앉다시피 하고 밤을 밝혔다. 입은 바싹 마르고 익모초를 씹은 것처럼 쓰디썼다. 높지도 낮지도 않은 열 때문에 얼음물을 등에 끼얹는 것처럼 오싹오싹 오한이 스쳐 지나갔다.

종합병원에서 CT를 찍었다. 결과를 기다리는 며칠은 지옥이었다. 아버지도 둘째 고모도 폐 때문에 돌아가셨다는 생각이 머리에서 떠나질 않았다. 고생하시던 모습을 지켜봤기 때문에 지레 겁을 먹었다.

평소 남편과 아이들에게 지나가는 말처럼 당부했던 말이 생각났다. 고칠 수 없는 병이라면 내 몸에 수명연장을 위한 어떤 의료 행위도 하지 말아 달라고. 정말이지 온갖 줄을 매달고 중환자실에서 끝내고 싶지 않았기에 자주 그런 말을 했다. 그런데 이번엔 흔들렸다. 만약에 암이라면 항암치료를 해? 말아? 평소 신념대로라면 망설임이 왜 필요했을까만. 작은 불씨 같은 희망이라도 있다면 치료해야 하지 않을까? 그것이 삶에 대한 애착이었나 보다.

결과를 보는 날 도살장에 끌려가듯 의사 앞에 앉았다.

"염증도 좋아졌고 물도 말랐습니다. 다행히 다른 이상은 없네요. 일주일 후에 오세요."

"고맙습니다. 그런데 열은 지금도 나는데요."

"38도가 넘으면 응급실로 오세요."

일주일 뒤에 엑스레이로 폐 기능 검사를 또 한다고 했다.

폐렴도 무서운데 거기에 폐암까지 발전했을지도 모른다는 상상에서 벗어나기는 했지만 열은 쉽게 내리지 않았다. 아슬아슬하게 37.8도를 경계로 오르락내리락했다.

이번에 네 남매 키우며 오십 년도 넘게 쓰던 수은 체온기를 큰며느리가 바꿨다. 요리조리 방향을 바꿔가면서 봐야 했던 유리막대가 아니고 귀에다 대면 삐 소리와 함께 빨간 숫자가 나타나는 아주 민감한 최신형 체온기다.

20여 일 각종 검사에 몸은 더 지쳐가는 것 같았다. 강력한 항생제와 진해제로 위와 장도 예민해졌을 즈음 다행히도 서서히 열이 내리기 시작했다. 열이 내리니 모든 증상이 사라지고 체중은 줄었지만 몸이 가벼워졌다. 이렇게 해서 나는 아홉수를 넘겼고, 상상으로는 저승의 문턱까지 밟아봤다. 겨우 이십여 일일 뿐인데 이십 년을 앓고 난 것처럼 끔찍스러웠다.

　이제 제정신으로 돌아오자, 내 수명연장 장치 여부를 수정해야 하나 말아야 하나를 고민 중이다.

　그리고 또 웃기는 일 한 가지는 의사가 죽을병이라고 말한 것도 아니고 다만 "자녀분들과 잘 의논해서 하세요." 이 말뿐이었는데 듣는 순간 그 말이 머릿속에 들어와 박히기도 전에 나는 속으로 부르짖고 있었다.

　'안 돼요, 내 수필집은요? 그리고 남편은요?'

　병치레가 잦은 남편 걱정은 당연할지 모르지만, 수필집은 지금 생각해도 좀 생뚱맞다. 왜 그랬을까.

　아직은 속단할 수 없지만 아홉수를 넘겼다고 믿으며 남들이 말하는 두 번째 마흔 살을 향해, 그리고 나의 두 번째 수필집을 향해 힘차게 걸어가려고 한다.

5장_팔십에 다시 첫사랑을

팔십에 다시 첫사랑을

내 첫사랑이 아프다. 그는 아이가 되었다.

새벽 산책길에 보석 가루 같은 이슬이 달린 강아지풀을 꺾어다 작은 유리병에 꽂아주던 사람. 낭만 소년, 로맨티시스트라 불리던 그 사람은 이제 없다. 어제도, 조금 전도 없고 오직 지금만 있는 고집 센 아이가 있을 뿐이다.

2월 초, 남편은 새벽에 침대에서 내려와 바지를 입다가 넘어졌다. 일으켜 세우기만 하면 차에 태우고 병원에 가련만 혼자 힘으로는 도저히 일으킬 수가 없었다. 하는 수없이 119에 연락해서 가까운 병원 응급실로 갔다. 왼쪽 쇄골이 부러졌다고 했다. 전신마취한 후 수술을 했다.

그날 밤부터 이상한 행동이 시작됐다. 의사 말로는 전신마취 후 가끔 있는 일인데 이삼일, 오래 가면 두세 달이 걸리는 수도 있단다. 섬망譫妄이라고 했다.

어디서 들어본 말 같기도 하고 처음 듣는 단어 같기도 했다. 검색해 보니 외계에 대한 의식이 흐리고 착각과 망상 및 알아들을 수 없는 말을 하며, 몹시 흥분했다가 불안해하는 증세를 보인다고 한다. 원인은 알콜 중독이나 모르핀 중독. 이게 다 뭐 말라비틀어진 소린가 싶었다.

그러나 대체로 낙관적이라 그럴 줄만 알았는데 아니었다. 점점 더 이상한 말과 행동까지 하는 것이었다. 병실을 우리 집으로 알고 있었다. 4인실의 맞은편 병상의 환자는 온종일 병문안객이 끊이질 않았다. 다른 병상은 염두에도 없는 듯 떠들었다. 그걸 보던 남편은 나를 보고 화를 내며 말했다. 내가 맘대로 집에 세를 들여서 시끄럽다고 했다. 오십 년을 넘게 살았어도 한 번도 들어본 적이 없는 거친 말을 서슴없이 했다. 말을 잘 듣지 않으면 당신 같은 여자랑 더는 못 살겠다며 이혼까지 들먹였다. 소변 줄을 빼는 등 집에 가야 한다고 나서

질 않나, 소변 줄을 다시 끼우러 온 간호사에게는 가서 잠이나 자라고 했다. 그래도 간호사실에서는 섬망이라는 것을 아니까 달래거나 피하며 지내줬다. 한 방의 환자들은 내가 미안해서 어쩔 줄 몰라 하니까 오히려 괜찮다며 위로해 주었다. 그래도 밤낮없이 시끄럽게 하여 어쩔 수 없이 1인실로 옮겼다.

만만한 마누라만 잡으니까 아이들이 당번을 정해서 밤에 병실을 지켰다. 한밤중에도 집에 간다며 퇴원 수속을 하라고 아들을 다그쳤다. 아빠 마음을 누그려 보려고 달래는 아들에게 혀를 차며 딱하다는 듯이 말했다.

"그거 하나도 못 하는 게 무슨 교수냐. 너 같은 놈에게 배우는 애들이 불쌍하다."

움직이면 뼈가 잘 붙지 않는다고 주치의가 주의를 주면 젊은 놈이 건방지다고 시비를 걸었다. 주치의는 젊은 데다가 의사 자질이 부족한지 아니면 젊은 혈기가 올라서인지 참지 못하고 큰 소리로 화를 내기도 했다.

"환자분은 내가 수술했거든요."

자기 말로 섬망일 거라는 진단을 해놓고도 그랬다. 내

눈에는 의술은 얼마나 뛰어난지 모르지만 참 의사가 되려면 아직 멀어 보였다.

일주일 후 나머지 치료는 통원 치료하기로 하고 퇴원했다. 집으로 와서도 아이들의 밤 당번은 이어졌다. 증세는 조금도 나아질 기미가 보이지 않았다. 집에 가야 한다며 차 시간을 알아보라 하고 예매하라 하고 식구들을 볶아댔다. 보자기를 찾고, 가방을 가져오라 하고, 팔에 걸고 있는 보호대를 풀어 던지기도 하고, 한밤중에도 나가려고 현관으로 향했다. 그럴 때마다 그의 화를 가라앉게 하고 말 잘 듣게 다루는 사람은 외손녀 혜민이었다. 혜민이 조곤조곤 설명하면 금방 순하게 받아들이고 침대에 누웠다. 차츰 과격한 말과 행동들이 수그러졌다.

요즘은 종일 안락의자에 앉아 있다. 열 달째 들어선 지금은 도를 닦아 선인이 되었나 싶게 모든 일에 관심을 끊어버렸다. 눈길은 나만 쫓아다닌다. 잠시라도 보이지 않으면 불안해하며 입히기, 씻기기, 인슐린 주사 놓기, 안약 넣기 모든 것을 내가 해줘야만 온순히 받아들이고 마음을 놓는다.

자기 발로 매일 오르던 뒷산을 휠체어에 앉아 절반도 못 올라갔다 오면서도 늘 말하기는 스스로 다녀온 것처럼 말한다. 일부러 그러는 게 아니고 정말로 그렇게 생각한다. 머리로는 못 하는 것이 없는데도 보행기에 의지해서 화장실을 다닌다.

그가 나를 바라보는 눈은 육십여 년 전의 따뜻한 그 눈빛이다. 지금도 그의 눈에 나는 까불고 덜렁대는 단발머리 계집애다. 그러면서도 포근하게 품어주는 엄마이기를 원한다. 나를 바라보는 티 없는 그의 눈이 해맑다.

오늘도 집을 나서기 전 그의 볼에 뽀뽀하며 말한다.

"여보, 나 공부하고 올게. 두 시에 만나요."

"그려, 운전 조심하고 천천히 댕겨 와."

따뜻한 그의 눈빛을 뒤로하고 현관문을 닫는다. 그리고 바깥 공기를 크게 들이마신다. 뼛속 깊이 들어온 상쾌한 공기에 내 몸은 풍선이 되어 발이 바닥에 닿지 않는다.

하늘도 푸르고, 상점들의 물건들도 유리창 너머로 손짓한다. 내 하루의 중요한 충전 시간이다.

두 시에 돌아와 잘 다녀왔다고 볼에 뽀뽀해 주면 젊은 날의 그 시절처럼 나의 첫사랑은 표정이 환해질 것이다. 팔십에 우린 다시 첫사랑을 시작했다.

도날드 꽥꽥, 파이팅!

나는 본래 운동경기를 즐겨보지 않는다. 손에 땀을 쥐고 조마조마해가며 승패를 보는 것이 힘들어서다. 그런데 손자가 아이스하키를 시작하고부터는 더러 구경을 갈 때가 있다. 그렇지만 자주 가는 편은 아니다.

그날은 우리 집 근처에 있는 링크에서 시합이 있기에 가 보기로 했다. '코리아 아이스하키 리그'라 꽤 큰 경기였다.

10월인데도 깊이 넣어두었던 오리털 코트부터 모자, 두꺼운 양말, 따뜻한 숄 등 만반의 준비를 하고 나섰다. 경기장 안으로 들어서니 냉기가 확 끼쳤다. 재빨리 준비해 간 옷이랑 모자를 썼다.

제일 잘 보이는 자리, 그러니까 바로 상대 팀의 꼴 문이 마주 보이는 곳에서 3칸쯤 높은 의자에 앉았다. 빈자리가 많았다. 축구나 야구 같이 대중적 인기가 있는 운동이 아니라서인지, 관중석은 대부분 가족과 각 학교 학생과 실업팀 응원진 들이었다.

시끄러운 음악 소리가 귀를 먹먹하게 했다. 그것도 잠시 지나고 나니 적응이 되는 듯 아무렇지도 않았다. 양쪽팀 선수들이 나와서 연습했다. 얼음판을 자유자재로 돌며 퍽을 치는 모습들은 경쾌해 보였다. 가벼운 마음으로 보니까 그런지 나도 덩달아 신이 나는 것 같았다.

이윽고 경기를 알리는 벨이 요란하게 울렸다. 20여 명 선수들은 양쪽으로 정렬하고 관중석을 향해 인사를 했다. 그리고 상대 선수들과 차례로 손바닥을 치면서 미끄럼으로 자기들 본부석으로 들어가 앉았다. 얼음판에는 한 팀에 선수 다섯 명과 골키퍼만 남았다.

위험한 운동이기 때문에 장비가 튼튼했다. 20kg이 넘는다는 무장 때문인지 유니폼 입은 모습이 동그랗다. 모두 키가 작아 보였다. 헬멧과 마우스는 기본이고 얼굴도 철망으로 가렸다. 마치 시위대를 진압하는 전경 모습과 같았다. 게다가 골키퍼가 입은 옷은 더 어마어

마했다. 사극에 나오는 장수의 갑옷은 비교도 안 되었다. 마치 로봇이 서 있는 것같이 보였다.

눈사람처럼 동그랗게 보이는 선수들이 서로 부딪치면서 경기가 열을 띠었다. 28번 두현이가 나왔는가 하면 어느새 들어가고 다른 선수가 나왔다. 격렬한 운동량으로 체력 소모가 많아 한 선수가 2분간 뛰기 어렵다고 했다.

서로 몸을 부딪칠 때마다 탕! 탕! 경기장을 울리는 소리가 어찌 큰지 몸이 저절로 움찔거렸다. 얼음판을 달리다 보면 서로 부딪칠 때가 많다. 그러나 일부러 부딪쳐 상대를 넘어뜨리면 반칙이다. 이렇게 반칙하면 '마이너 페널티' 2분간 퇴장이다. 그러면 남은 선수 네 명이 2분간 경기를 해야 한다. 내가 아는 유일한 하키 규칙이다.

1피리어드 중에도 선수들은 몇 번씩 들락날락 교체된다. 옷으로 부풀린 몸집에 얼굴을 온통 가렸으니 누가 누구인지 알 수가 없다. 두현이도 마찬가지였다. 등판과 팔에 붙인 번호로 손자를 확인했다.

경기가 열을 띨수록 아슬아슬한 상황이 생기고 금방

이라도 큰 사고가 날 것 같았다. 도저히 볼 수가 없었다. 춥지는 않은데 몸이 사시나무 떨리듯 했다. 학부모들이 준비해 온 뜨거운 차를 몇 잔씩 마셨는데도 이가 소리 나게 떨렸다.

'저러다 두현이가 다치면 어쩌지?'

'뭣 땜에 저런 위험한 운동을 시키는 겨.'

딸 내외가 미워졌다.

부모와 외모가 닮았거나 하는 짓이 같을 때 흔히 '피는 못 속인다'고 말한다. 두현이가 딱 그 짝이다. 작은 사위도 아이스하키 선수였다. 그 시절 얼음판도 서울운동장밖에 없었다는데 사돈어른이 적극 후원하셨다고 한다. 사위가 고등학교 때 한 경기에서 열네 골을 넣은 기록이 전설처럼 남아있다고 한다.

"골키퍼가 화장실 갔을 때 넣은 거 아녀?"

처남들이 우스갯소리를 하곤 하지만 그 기록은 아직도 깨지지 않았다고 한다.

두현이는 돌이 좀 지나자 기저귀를 차서 오리 궁둥이가 된 채 뒤뚱거리며 걷기 시작했다. 제대로 걷지 못하고 기우뚱거리면서도 기다란 구둣주걱으로 병뚜껑을 이리저리 몰고 다녔다. 민첩한 손짓이 영락없는 아이스하키 폼이었다. 그래서 내가 "도날드, 꽥꽥!"이라고 불러서 별명이 돼 버렸다.

그러던 녀석이 끝내 제 아비 모교에서 하키 선수로 뛰고 있다. 합숙이네 해외 전지훈련이라 해서 얼굴도 자주 볼 수 없다. 경기 도중 두현이가 골을 넣거나 어시스트를 잘해서 득점할 때는 신이 났지만, 부딪치고 넘어지고 2분간 퇴장당하고 하는 모습이 보기 힘들었다.

두현이는 전지훈련을 떠날 때 공항에서 꼭 전화한다. 그럴 때마다 내가 하는 말이 아마 귀에 못이 박혔을 것이다. 늘 같은 말이니까.

"겸손해라. 벼는 익을수록 고개를 숙인다."

좀 잘한다고 우쭐대지 말고 역지사지하는 마음만 갖는다면 그것만으로도 성공한 인생이라고 말해주고 싶다.

1피리어드가 끝났다. 불도저같이 생긴 기계를 몰고 나온 기사가 얼음판을 빙빙 돌며 매끄럽게 얼음판을 다듬는다. 도저히 3피리어드까지 볼 자신이 없었다. 내 몸이 한 줌으로 오그라드는 느낌이었다. 주차장으로 내려갔다. 차 안에 앉아 눈을 감고 가슴을 진정시키며 기도했다. 우리 손자 다치지 않고 경기 잘 끝나기를 빌고 또 빌었다.

이번 경기에서 해트트릭을 했다고 모두 흥분해서 두현이를 둘러싸고 떠들었다. 해트트릭이란 한 선수가 한 경기에 세 골을 넣는 것이라고 한다. 나는 용어 하나를 또 배웠다.

시즌이 끝났다.

선수라면 모두가 바라는 개인 득점상을 두현이는 한 골 차로 놓치고 말았다. 그래도 우리 손자는 실망하지 않을 것이다. 더 분발하겠지. 나는 손자를 믿는다.

"도날드 꽥꽥, 파이팅!"

새아기 오는 날

오늘은 귀한 손님이 오는 날이다.

손주며느리 될 아가씨가 내게 인사하러 오겠다고 잡은 날이다.

나는 내 손으로 밥을 지어 먹이고 싶었다. 그런데 처음 오는 집에서 밥 먹는 것을 불편해할 거라는 젊은 애들 의견과, 따뜻한 집밥이 더 친근하지 않냐는 나와 딸 의견이 엇갈렸다.

젊은 애들 마음은 또래들이 잘 알겠다 싶어 차와 케이크만 준비 하기로 결정했다. 그러면서도 마음은 편치 않았다. "힘들어서 안 돼요." 하는 애들 말이 내게는 "할머니는 그냥 앉아서 인사나 받으세요." 하는 말로 들렸다. 우리 장손자 배필에게 정성 들여 할머니 밥상을 차려주고 싶었는데….

밥은 못 해줄지언정 뭐라도 하고 싶었다. 시간이 없으니 거창하게 일을 벌일 수는 없고, 다과로 내놓을 몇 가지만 만들기로 했다. 곶감 쌈, 꽃 모양 오징어, 타래과 정도는 금방 만들 수 있는 것들이었다. 곧바로 준비에 들어갔다.

첫째, 호두를 물에 불려 속껍질을 벗긴다. 두 번째, 냉장고 서랍에 있던 오징어를 촉촉한 행주에 싸서 보드랍게 되도록 한다. 세 번째, 밀가루 한 컵을 칼국수 반죽처럼 해서 비닐봉지에서 숙성되도록 넣어놓고 첫 번부터 차례로 완성해 나간다.

속껍질 벗긴 호두는 팬에서 살짝 볶아낸 후 곶감을 펴서 그 안에 넣고 김밥처럼 둥글게 만다. 그러고 나서 풀어지지 않도록 김발에 돌돌 싸놓는다. 다음은 오징어 오리기. 옛날에는 숙련공이었는데 돋보기를 쓰고도 모양이 원하는 대로 되지 않는다. 작은 가위로 조심스레 이파리 모양을 오리고, 손끝으로 말아 올리니 옛날 시늉은 난다. 얇은 머리 쪽은 꽃 모양을 만들어 줄기에 붙인다. 끝으로 밀가루 반죽 차례. 만두피 밀듯 넓게 밀어

사방 2센티 정도로 자른 후 세로로 석 줄 칼집을 낸 다음 뒤집는다. 미니 타래과를 만들어 기름에 튀겨낸다.

아이들이 잘 먹는 약과나 오색 다식까지 했더라면 좋았을 텐데. 재료와 시간이 없어 그 정도로 끝낸 것이 못내 아쉬웠지만 구절판에 모양내서 담아보니 조촐하니 그런대로 보기 좋았다.

다음은 청소와 정돈이다. 노인 혼자 사는 집이니 혹여 불쾌한 냄새라도 날까 봐 환기에 신경 쓴다. 창을 활짝 열어놓고 거실을 정돈하고 어항의 구피네도 깔끔하게 물을 갈아준다. 늘어놓고 편하게 지내던 거실과 주방이 이사 왔을 때 수준으로 깨끗이 정돈되어 있다.

5시에 신랑 될 손자와 아가씨가 도착했다. 처음 보는 아가씨인데도 인상이 낯설지 않았다. 하얀 얼굴에 오똑한 코, 눈은 크지도 작지도 않고 웃는 눈이다. 늘씬한 키에 비해 몸이 너무 말랐다.

옛날 내가 갓 결혼하고 시골 당숙네로 인사하러 갔을 때 생각이 떠올랐다. 그때 새댁 구경을 온 동네 아낙들이 뒤에서 "저렇게 말라서 애나 낳겠어? 쯧쯧." 하며 수군댔다. 그네들의 걱정과는 달리 나는 네 남매나 낳았으니 쓸데없는 걱정은 하지 않는다.

다과만 먹고 가기로 한 약속과는 달리 이야기꽃이 피어 우리 집에서 아가씨네 집으로, 손자의 유년 시절부터 지금 빠져 있는 골프까지, 시간 가는 줄 모르게 이어져 그새 저녁이 되어 버렸다. 계획에도 없는 저녁을 먹어야 할 상황이 되었다. 아들이 이리저리 검색해서 음식을 시켰다. 밥 먹는 모습도 소탈하니 보기 좋았고 식성도 그리 까다롭지 않아서 다행이었다. 무엇보다도 "할머니, 할머니." 하며 친근하게 따르는 것이 기분 좋았다. 오래전부터 우리 가족인 것처럼 편했다. 새침하지도 않고 그렇다고 수다스럽지도 않으면서 너무도 자연스러워서 볼수록 예뻤다.

할머니가 만든 마른 주전부리도 놀라워하며 잘 먹기에 남은 것은 은박지에 싸서 가방에 넣어주었다. 모두 떠나고 홀로 남았지만 기분 좋다.

사랑하는 장손과 평생을 같이 할 사람이라 생각하니 무조건 사랑스러웠다. 나는 예비 새아기에게 아낌없는 점수를 주었다. 새아기도 예비 시할머니에게 처음 인사를 드리러 왔으니 속으로는 꽤 긴장했을 것이다. 그렇다고 나도 아무렇지 않았던 건 아니다.

　그 애는 할머니에게 어떤 점수를 주었을까? 내가 받을 점수가 궁금해진다.

막내아들

"빨리 내년이 왔으면⋯."

2월 어느 날, 가족 단톡방에 뜬금없이 올라온 막내아들의 말이었다.

읽는 순간 가슴이 철렁했다.

'쟤가 왜 저러지? 무슨 어려운 일이 생겼나?'

곧이어 큰며느리의 댓글이 달렸다.

"예? 겨우 2016년이 두 달 지나는 중인데? ㅎㅎㅎ."

"민선이 대학 가면 여러 면에서 많이 편해질 것 같아서⋯."

돌아온 막내의 대답이었다.

'후유~' 마음이 놓이면서도 녀석이 가소로웠다. 달랑 애 하나 키우면서 저렇게 힘들어 하다니. 번데기 앞에서 주름잡고 있네, 넷이나 키운 어미 앞에서 감히….

손자가 집에서 먼 고등학교에 갔다. 그때부터 모든 생활이 제 아들 중심으로 돌아갔다. 처음엔 기숙사에 들어갔는데 소등시간 때문에 늦게까지 공부할 수 없다고 투덜댔다. 그래서 일터가 근처인 며느리는 집에 남고, 작은 아파트를 세 얻어 아들과 손자 둘이 지내며 주말에만 집으로 가고 있다. 아침에 깨워 간단히 먹여 학교 보내고 출근, 퇴근 후 늦게 끝나는 아이 마중하랴 힘들겠지, 싶어 마음이 짠하다.

낳은 지 한 이레 만에 놓칠 뻔했던 막내아들이다. 아들 낳았다고 좋아하던 것도 잠시. 젖을 먹으면 이내 토했다. 갓난아기들은 잘 토하니까 그러려니 했다. 그런데 토하는 모양이 달랐다. 젖에서 입을 떼자마자 생 젖이 분수처럼 솟구쳐 마주 앉은 사람에게까지 튀었다. 대개 아기가 토하는 모습은 그냥 입가로 흘러내리는 정도다. 어느 정도 위에서 머물다 나온 젖은 순두부가 엉긴 것같이 뭉글거리는 것이 보통이다.

그 무렵 여원사에서 나온 《육아》라는 책이 아이를 여럿 키우는 동안 길잡이였다. 답답한 마음에 책을 뒤져

보니 '유문협착' 증세와 같았다. 신생아에 나타나며 100명에 하나꼴로 사내아이들이 많다고 쓰여 있었다.

동네 소아청소년과에서는 소화불량이라고 했다. 아이는 배가 고파서 밤낮으로 울었다. 의사에게 조심스럽게 물었다.

"혹시 유문협착증이 아닐까요?"

"아는 게 병입니다. 소화불량이니 보리차를 먹이세요."

늙수그레한 의사는 퉁명스럽게 대답했다. 아니꼽다는 눈치였다.

일주일쯤 지나니 아이는 탈수 상태가 되었다. 얼굴이 까매지고 가죽만 남은 머리는 머리뼈가 그대로 드러났다. 그야말로 피골이 상접했다. 아이를 놓칠 것만 같았다.

큰 병원으로 갔다. 그때만 해도 초음파가 없었던 것 같다. 위 엑스레이를 찍기 위해서 젖병에 가득 흰 물약을 넣어 입에 물리니 아이는 숨도 안 쉬고 단숨에 병을 비워냈다. 눈물이 또 나왔다. 아이는 배고파서 밤낮으로 울고, 나는 그러는 아이가 안타까워 밤낮으로 울었다. 젖은 퉁퉁 불다 못해 옷 위로 줄줄 흘러내렸다. 입고 있는 치마는 된 풀을 먹인 듯 빳빳해져서 걸을 때마다 버석버석 소리가 났다. 옷 갈아입을 경황도 없었다.

피 검사할 때는 피가 나오질 않아서 그 조그만 애를 개구리 뒷다리 잡듯 잡고 거꾸로 흔들어 채혈했다. 이마에 꽂은 주사 때문에 눈이 보이지 않을 만큼 얼굴이 부었다. 하는 수 없이 발목에 관을 심고 주사를 했다. 급히 진행된 검사 결과는 유문협착이었다.

희귀한 병 때문에 우리 병실이 실습실이 된 듯 수련의들이 떼로 몰려와 아이를 주물렀다. 조막만 한 아이 가슴을 솥뚜껑만 한 커다란 손으로 무지막지하게 꾹꾹 눌러댔다. 수술도 하기 전에 아이가 죽을 것 같았다. 나는 이성을 잃었다. 미친 여자처럼 쇳된 소리를 질렀다.

"제발 아이를 놔두고 좀 나가욧! 당신들 눈엔 이 어린 것이 안 보여?"

수련 기간에 이런 병을 만난 것이 의대생들에게는 행운이라고 했다. 그래도 그렇지 너무했다.

아이는 밤낮으로 울어서 목이 쉬었다. 나중에는 쉑쉑 소리밖에 나질 않았다. 빠르게 일정이 잡히고 바로 수술했다. 낳은 지 29일 만이었다.

소아병동 6인실에서 아이가 쉴 새 없이 울어대니 미안했다. 같은 방 애들은 잘 참아주는 편이었다. 옆 침대 3학년 아이는 제 몸이 아픈데 옆 침대 아기가 쉬지 않고 우니 짜증스러울 텐데도 참으려고 애썼다. 그래서 또 미안했다. 그러나 우리 형편으로는 1인실로 옮길만한 여유가 없었다. 지금 같으면 빚이라도 내어 방을 옮겼을 것 같다.

생후 29일 만에 다시 태어난 우리 막내. 자라면서 큰 병치레도 참 많이 했다. 그럴 때마다 가슴이 무너져 내려앉았지만, 아이도 나도 잘 이겨냈다.

오십이 낼모레인 아들인데도 내게는 지금도 막내일 뿐이다. 녀석도 우리 집에 오면 여전히 막내 짓을 한다. 들어서자마자 냉장고 문을 벌컥 열고 훑어본다. 목적이 있어서가 아니다. 어릴 적 학교에서 돌아오면 하던 습관이다. 몸을 아예 냉장고 안에 들어갈 듯이 반쯤 들이밀고 먹을 것을 찾던 그 버릇. 사이다든 콜라든 음료수는 병째 멈추지도 않고 콸콸 목으로 쏟아 넣곤 한다. 어릴 적 갈증이 아직도 해갈되지 않아서일까? 가슴이 얼얼하다.

제 아들이 고3이 된 지금까지도 아들은 온 집안을 휘젓고 다닌다. 이제는 엄연히 제집이 아닌 엄마 집인데도 그렇다. 같은 게 두 개 있을 때는 당연히 제 것이고, 탐나는 물건이 있으면 내 앞에서 수작을 걸곤 한다.

"엄마, 이거 쓰는 거예요?"

그러면 며느리는 은근히 제 남편을 두둔한다.

"저이는 안양에만 오면 더 그래요."

'누가 모르랴, 어미 앞에 오면 응석 부리고 싶은 마음을. 짐짓 더 그러는 거야. 어미에게 즐거움을 주려고.'

놓칠 뻔했던 막내아들이기에 웃으며 내어준다.

사람들은 배우 이병헌이 잘 생겼다지만 적어도 내 눈에는 어림도 없다.

적당히 검은 얼굴. 혈색이 좋다. 키도 훤칠하게 크다. 남자 중에서 우리 막내가 제일 잘생긴 남자로 보인다. 나도 별수 없는 고슴도치 엄마다.

꽃봉투

"엄마, 꽃봉투 좀 만들어주세요. 예쁘다고들 하네. 선물하고 싶어요."

"그려, 어렵지는 않지만 시간이 좀 걸리는데."

예쁘다는 말에 기분이 좋아 당장 작업에 들어갔다. 맘에 드는 편지봉투는 값이 비싸서 만들어 썼는데 의외로 예쁘다는 반응이었다. 그날로 당장 A4용지 흰색과 분홍, 파랑, 보라 등 색지도 섞어서 재단하고 풀칠하며 틈틈이 만들기 시작했다.

이제 잔잔한 들꽃을 그려 넣을 차례였는데 딸은 성급히 내 곁을 떠나버렸다.

장염 치료 중이라는 말을 곧이곧대로 믿고 있던 숙맥 어미가 알았을 때는 항암치료를 40번도 넘게 받는 도중이었다.

어느 날 갑자기 낯선 상자가 눈에 띄었다. 딸의 부탁으로 만들던 미완성 봉투 상자가 3년 동안 책상 밑에 숨죽이고 있었던 것이다. 하던 것이니 마무리나 짓자는 생각이 들었다. 며칠을 식탁 위에 펼쳐놓고 봉투에 들꽃을 그리기 시작했다.

딸은 이것을 누구에게 주고 싶었을까. 딸은 누구에게 무엇이든 주기를 좋아했다. 언젠가 미국 출장 가는 같은 과 교수 친구에게 내가 써준 부채를 선물했단다. 그 친구는 미국 친구에게 선물했는데, 미국 친구는 부채를 바람 부치는 용도로 사용하지 않고 액자에 넣고 벽에 건 사진을 찍어 보내왔다는 얘기를 들었다.

그렇다면 이 꽃봉투도 그 친구 교수에게 주려고 했을지도 모른다. 내가 아는 딸의 친구는 대학부터 같은 과로 학위도 같이 받고 같은 학교에 근무하던 절친 김 교수 한 사람이다. 휴가철이나 딸이 좋아하는 라벤더 철이면 우리에게 고성에 있는 리조트를 빌려주고 하던 친구 김 교수.

봉투를 완성하고 나니 200장이었다. 그 친구라면 늦

게라도 전하고 싶은데 외손녀는 새삼스럽게 슬픈 기억을 꺼내고 싶지 않을 거라며 반대했다. 그 말도 맞지만 나는 딸과의 약속을 지금이라도 꼭 지키고 싶었다.

사위에게 내 뜻을 비쳤다. 흔쾌히 동의하며 전화번호를 적어줬다. 그런데 손녀 말처럼 불쑥 전화를 걸면 새삼스럽고 놀랄 일 같기도 해서 조심스럽게 문자를 보냈다.

"교수님, 현주 엄마입니다. 현주 친구 중 아는 분은 교수님뿐이어서 실례를 무릅쓰고 문자를 보냅니다. 전화해도 될까요?"

금방 저쪽에서 전화가 왔다.

"현주 어머니, 저○○에요. 어떻게 지내셨어요?"

살가운 목소리로 먼저 인사를 했다.

"현주가 친구에게 주고 싶다고 봉투를 부탁한 적이 있는데, 그게 누군지⋯."

"바로 저예요, 그 예쁜 봉투를 갖고 싶다고 했던⋯."

내 말이 끝나기도 전에 건너온 대답이었다.

"그렇군요. 늦게나마 완성했기에 보내고 싶습니다. 주소 부탁드려요."

곧바로 보내온 주소로 다음 날 우체국에 가서 택배로 보냈다. 딸의 부탁을 늦게라도 지켰다는 홀가분함에 기분이 좋았다.

이틀 후, 받은 봉투는 딸을 좋아했던 사람들과 잘 나누어 쓰겠다는 내용의 문자가 왔다.

'역시 보내기를 잘했어. 틈나는 대로 가끔 만들어 보내야겠다.'

며칠 후 외출에서 돌아오니 문 앞에 택배 상자가 하나 놓여 있었다. 뭘까? 나는 주문한 물건이 없는데 중얼거리며 보낸 이를 보니 딸 친구에서 온 상자였다.

"보내주신 꽃봉투는 현주가 좋아하던 친구들과 연구원 교사들과 나누었습니다. 다들 봉투를 사용할 때마다 정 많던 현주를 떠올릴 것 같다고 말했고 어머님께도 감사 인사를 전해달라고 했습니다(현주를 사랑하는 많은 이들을 대표하여 김○○ 올림)."

예쁜 오동나무 상자에 세 종류의 꿀 병이 나란히 들어 있었다.

'아뿔싸, 내가 그 생각을 못 했구나.'

봉투를 받고 고민했을 생각을 하니 미안했다. 나는 메

시지를 보냈다.

"제 마음 편하게 하자고 한 일인데 지금 생각하니 교수님께 부담드렸을지도 모르겠다는 생각이 드네요. 보내주신 귀한 꿀 감사히 잘 받겠습니다. 고맙습니다."

홀가분했던 마음에 미안한 마음이 보태어졌다. 이럴 때 딸이 있었으면 내 마음을 풀어주었을 텐데….

"엄마, 내 부탁을 들어줘서 고마워요. 엄마가 홀가분했으면 그것으로 됐어요. 그 친구가 정말 가지고 싶어 했던 거니까 미안해하지 말아요. 그 꽃봉투는 세상에 하나뿐인, 엄마표 봉투잖아요."

딸의 다정한 목소리가 들리는 듯하다.

나를 대접하다

입맛이 없다. 웬일로 오늘은 평소 좋아하지도 않던 국수가 생각난다. 작은 손잡이 냄비에 국수 80g을 삶았다. 매일 쓰는 코닝 대접을 꺼내려다 좀 전에 읽은 단톡방 글이 생각났다.

명품 홈 세트, 크리스털 그릇, 은수저 세트 모두 부질없다고 하는 김 선배의 푸념에 달린 댓글,

"아끼지 마시고 마음껏 쓰세요. 식사하실 때는 제일 좋은 그릇으로, 외출하실 때는 제일 좋고 비싼 옷을 입으세요."

'그래 나도 한번 누려보자.' 하며 꺼냈던 코닝 대접을 제자리로 보내고, 찬장 맨 위 칸에 모셔두었던 그릇을 까치발 해서 꺼냈다. 무늬 없이 네모진 일본풍의 좀 특

이한 그릇이다. 몇 해 전 마트에서 눈길을 끌어 두어 번 되짚어봤더니 눈치 빠른 작은며느리가 한 쌍을 사준 그릇이다.

남편이 있을 때 두어 번 써 봤던가. 까맣게 잊혔던 그릇인데 단톡방 댓글 덕에 다시 꺼내게 되었다. 정신없이 늘어놓은 식탁도 정리하고, 밥그릇에 걸쳐놓고 먹던 숟가락도 수저받침을 꺼내 제대로 얹고, 작은 그릇에 김치도 몇 가닥 예쁘게 담았다.

국수만 삶아서 멸치육수에 먹으려던 생각이 바뀌었다. 제대로 된 국수를 내게 대접하고 싶어졌다. 냉장고 야채 칸을 뒤져서 양파와 호박을 찾아 채 썰어 볶고, 달걀지단을 황백으로 나눠 부쳤다. 때마침 표고가 있어서 고기 대신으로 볶았다. 국수 꾸미가 제법 색 맞춰 마련되었다.

초대받은 손님처럼 우아하게 앉아서 국수를 먹었다. 먹기 전에 폰으로 사진도 찍었다. 가족 톡방에 자랑할 인증사진이었다. 다음은 손님이나 와야 바깥 구경을 하던 찻잔이 등장할 차례였다. 붉은 장미꽃이 그려진 찻잔에 접시받침까지 갖추어서 아메리카노 커피를 마셨다. 멋진 식사 대접이었다.

큰 접시에 밥 한 주걱 담고, 칼슘 보충용 멸치볶음, 단백질용 계란프라이, 김치 몇 가닥, 낙지 젓갈 등을 담아 소파로 가서 텔레비전을 보며 먹던 때보다 시간이 좀 걸렸다. 다음은 설거지가 남았다. 접시 하나에 수저와 컵 하나만 후딱 씻어 엎어놓으면 끝이었던 설거지가 아니다. 미끄러운 세제 거품에 놓칠세라 장갑도 벗고 조심조심 그릇을 닦았다. 그러고 보니 비싸고 좋아서 아꼈던 것이 아니고 깨뜨릴까 봐 조심스러워서, 조금은 마구 다뤄도 아무 탈이 없는 코닝 그릇만 쓴 거였다.

잊고 있었던 그릇을 꺼내며 함께 떠오른 남편과의, 작은며느리와의 추억에 아련하고 흐뭇하고 좋았다. 오롯이 나를 위한 밥상 앞에서 마음속 큰소리로 '혼자서도 잘해요.', '나 멋을 아는 여자야.' 하며 나를 격려할 수 있어서 좋았다.

자신이 막 다뤄도 그만인 코닝 대접이 될지, 조심스럽게 대하고 아끼는 귀한 그릇이 될지는 내가 나를 어떻게 대접해야 하는지에 따라 달라진다는 걸 알게 된 시간이었다.

손자 장가가는 날

입구부터 요란하다. 배 모양의 예식장 높다란 벽에 신랑 신부의 활짝 웃는 사진이 커다랗게 붙어 있다. 한강에 이런 예식장이 있다니. 맞은편 한신아파트에 살 때는 한강 고수부지가 산책하거나 고기를 구워 먹던 곳이었는데 다 옛날이야기다. 여기에 배를 둥둥 띄워놓고 예식을 한다니 격세지감이란 이런 데 적합한 성어가 아닐까.

오늘은 손자가 결혼하는 날이다. 옛날 같으면 혼인 준비로 온 집안이 정신없이 바빴을 날인데, 요즘은 각자 본인 몸치장에만 신경 쓰면 된다. 폐백도 없다니, 신붓집에서는 육포 말리고 대추 다듬어 잣도 박고 솔잎에 꿰어 잣솔 만들 일 없으니 한가로웠을 것이다. 또한 함

을 보내는 것도 생략이란다. 그러니 사주, 혼서지 쓸 일
도, 채단 고를 일도 없어 신랑 집도 조용하다. 떡시루
쪄놓고 동네가 떠나가게 외치는 함진아비들과 함값 흥
정에, 음식 장만하랴 힘들고 번거롭던 일들이 이제 와
새삼 정겨운 추억으로 느껴지기까지 한다.

　결혼식 진행 식순에 또 한 번 놀랐다. 옛날에는 저명
인사나 은사님을 주례로 모시고 하던 결혼식이었는데,
오늘은 달랑 사회자 한 사람이 진행을 맡는다. 신부 버
금가게 단장한 안사돈 둘이 다정히 손잡고 들어와 촛불
을 켰다. 신랑은 아버지와 나란히 걸어 들어와 단상 앞
에 서고 신부가 아버지의 손을 잡고 입장한다. 이어 주
례의 성혼 선언마저도 모두 생략되었다. 대신 양쪽 아
버지들의 축사 비슷한 덕담으로 끝을 맺는다.

　어찌 보면 군더더기 없이 상큼한 진행이다. 헌칠한 키
에 늠름하게 잘생긴 손자 옆에 하늘하늘 날개옷을 입은
신부가 수줍게 행복한 웃음 띠고 서 있다. 들녘의 배추
흰나비 같다. 서투르나마 항해를 시작하는 저 예쁜 아
이들이 순풍만 만나도록 화살기도를 드린 후 샴페인 한
모금을 마신다.

신랑 신부의 행진이 친구들의 환호 속에 시작됐다. 이제 음식에 손을 대볼까 하고 포크를 잡는 순간 사회자가 무대 맞은편 커튼을 좌르륵 열어젖힌다. 쏟아져 들어오는 햇살 사이로 한강의 멋진 풍경이 펼쳐진다. 푸른 강물은 보석을 쏟아놓은 듯 반짝이는 물비늘을 만들며 다가온다. 어느 영화에서 본 것 같은 아름다운 장면이다.

새하얀 배추흰나비가 어느새 화사한 봄꽃으로 변신하여 다시 입장을 한다. 신랑도 베이지색 양복으로 새로 단장했다.

곧 2부가 시작된다고 사회자가 말한다.

'결혼식도 1부 2부? 첨 들어보는 말이지만 재미는 있네.'

케이크 커팅과 샴페인 축배까지 하고 드디어 고기를 썰어 입에 넣는다. 아침부터 서두르느라 오늘 첫 끼를 먹는 셈이다. 저 아이들도 얼마나 배고플까? 쫄쫄 굶었을 텐데 안쓰럽다. 하지만 너무 행복해서 시장기를 못 느낄 수도 있다.

지금은 가물가물하지만, 까마득한 옛날에 나도 그랬

던 것 같다. 그때는 왜 그렇게 긴장이 되던지…. 밥도 먹히지 않고 서투른 한복이 불편해서 신경 쓰였다. 신랑은 새로 맞춰 신은 구두에 뒤꿈치가 벗겨져 절뚝거렸다. 60여 년 전 치러낸 결혼식과 신혼여행은 긴 세월이 지났는데 아직도 어제 일 같이 생생하다. 발이 아프면 운동화를 사서 신으면 되고, 한복이 거추장스러우면 양장으로 갈아입으면 됐을 것을, 그땐 왜 그렇게 어리석었던가를 얘기하며 같이 웃던 그가 그립다. 만약 지금 옆에 있었다면 오늘도 틀림없이 또 꺼낼 레퍼토리이다.

회상에서 깨어나 눈앞을 보니, 애들이 나란히 손잡고 신혼여행 떠난다며 테이블마다 인사하러 돌아다닌다. 그런데 이번엔 신혼여행지가 이 할미를 한 번 더 놀라게 했다. 오늘 결혼식은 놀람의 연속이다. 내가 생각하는 신혼여행은 가까우면 제주도, 비행기를 타면 하와이나 발리, 사이판 정도였다, 혹여 돈과 시간이 많으면 유럽 정도로만 알고 있다. 그런데 두바이로 간다고 한다.

"두바이? 석유 나오는 나라 아녀? 거기 뭐 볼 게 있다고 그런 델 가냐."

아무리 생각해도 오래된 내 머리로는 두바이는 신혼

여행지는 아니다. 끝없는 사막의 모래바람과 찜통더위일 게 분명한데 두바이라니…. 구시렁거리면서도 이쁜 색시랑 맛있는 거 사 먹으라고 봉투 하나 찔러주는 할머니 사랑은 잊지 않았다.

이렇게 걱정하고 있는 할미 핸드폰으로 오늘 두바이에서 사진 11장이 왔다. 야자수와 건물의 조화로움, 아라비안나이트 만화 속 같은 풍경을 배경으로 찍은 사진들이다. 멋있었다. 그중에는 제 색시에게 그곳 여인의 복장을 입히고 머리에 히잡을 씌워 찍은 사진 밑에 "할머니, 무슬림 현지처입니다." 장난기를 보인 사진도 있다. 왕족처럼 즐기는 여행이라 했다. 중동에 있다는 친구가 왕족이라더니 허풍이 아니었나 보다. 인공호수의 물빛과 흰 구름이 적당히 떠 있는 푸른 하늘조차 처음 보는 것처럼 매력적이다. 나는 당장 두바이에 대한 편견이 깨짐과 동시에 가보고 싶은 여행지 1순위로 올렸다.

그동안 참석한 결혼식은 셀 수 없이 많았지만, 손자의 결혼식은 가장 특별했다. 예식의 진행도 신선했고 새로웠다. 나로선 가보고 싶은 여행지가 두바이가 될 줄은

손자가 장가가기 전에는 생각도 못 했던 일이다. 그러
니 신선할 수밖에.

작은딸은 큰손

"엄마는 뭐 하시나?"로 시작해서 "엄마, 아침은?", "엄마, 잡수실 건 있으세요?", "엄마, 아름이 데리고 야외카페 가려고 하는데 같이 가요."

수시로 나를 챙기는 작은딸이다. 엄마가 얼마나 신경 쓰이면 밤낮으로 전화에, 카톡에 불이 날 지경일까.

남편이 떠난 뒤 나는 딸들 옆으로 집을 옮겼다. 이제 5년이 되어간다. 그때 항암 중이던 큰딸마저 기어이 세상을 떠나고, 죽을 것 같은 세월이었지만 용케도 살아 견디고 있다. 작은딸이 제 언니 몫까지 짊어진 양 안간힘을 쓰는 것 같아 애처롭다.

우리 작은딸은 손이 크다. 커도 무지 크다. 마트에 같이 가서 물건 사는 걸 보면 '얘가 무슨 잔치를 하나?' 할 정도로 식재료가 카트에 잔뜩 쌓인다.

　주말에 형제들이 모이면 딸네에서 먹을 때가 많다. 뚝딱뚝딱 재바르게 차려낸 음식은 모두를 엄지척하게 만든다. 배불리 먹었어도 음식이 남아야 하고, 올망졸망싸서 들려 보내야만 직성이 풀리는 아이다.

　장 담그는 일을 일찍 전수했더니 어김없이 격년으로 장 담기를 한다. 섣달 아니면 정월 장으로 장맛이 달라고 닷새, 엿같이 달라고 엿새 날을 택하고, 스무날이 되면 쓰다고 택일을 피한다. 일진은 오午 날을 찾아 전날 소금 염도를 맞춰서 풀어 놨다가 메주를 띄운다. 오는 십이지의 말馬 날을 말한다. 소금 염도는 16도, 염도계가 없을 때는 달걀을 띄워 오백 원 동전만큼 뜨면 맞는 염도라 할 수 있다. 메주를 넣고 고명으로 꽃소금을 뿌리고 참숯과 붉은 고추, 대추를 띄운다.

　그렇게 가르쳐준 대로 잘 지켜서 정갈하게 담그고 한 달이 넘으면 장을 가르고 간장을 달여 형제들과 나누는 일도 작은딸 몫이다.

　일 년 양식 김장은 빼놓을 수 없는 집안 행사다. 작은 딸네 집에서 벌이는 '김장 데이' 땐 온 식구가 참여한다,

무, 배추를 옮기거나 무채를 써는 일은 남자들 몫이다. 온 식구가 식탁 앞에 나란히 서서 다라이에 버무린 무채 양념을 배추에 넣는다. 한편에서 나는 삼겹살을 삶고 굴을 씻고 배추 속잎을 하나씩 떼어내서 상을 차린다. 막걸리가 빠질 순 없다.

각자 집에서 가져온 김치통을 채우고 재료 값을 계산한다. 절인 배추 주문부터 젓갈, 고춧가루를 준비하는 일도 작은딸 몫이다. 손이 큰 작은딸은 뭐든지 모자라는 일이 없다.

그뿐만이 아니다. 명절에 전과 나물까지 넉넉히 장만해서 나눠 준다. 힘들만도 한데 당연한 일처럼 척척 해내는 딸이다.

그런데 최근에 나는 뜻밖의 이야기를 들었다. 딸의 손이 큰 이유가 엄마인 내 탓이라는 것이다.

옛날에는 손님 대접이나 어른 생신은 모두 집에서 차렸다. 지갑이 넉넉하지 못한 나는 손님 숫자에 맞춰서 교자상이 하나면 두 접시, 둘이면 네 접시만큼만 장만했다. 빠듯한 생활에 손님을 치르게 되니 여유롭게 장을 볼 수 없었다. 거기에 아이들을 먹이려고 더 장만한다는 건 생각 못 했다.

손님상에 오른 음식은 아이들에겐 말 그대로 그림의 떡이었다. 구경만 했던 어린것이 얼마나 음식에 한이 맺혔으면 저리도 손이 커졌을까.

그 말을 듣고 나는 한없이 미안한데, 작은딸은 손이 커진 덕에 형제간에 우애가 더 깊어졌다며 웃었다.

올여름에는 딸의 오이지가 인기를 끌었다.

한 접씩 담아 나눠주면, 다음 날 카톡방이 시끄럽다.

"라면이랑 오이지는 천상 궁합이야."

"작은누나 오이지 맛은 아무도 못 따를 걸."

"이모, 최고예요."

올여름도 벌써 몇 번째 담는지 모른다. 오이가 들어갈 때까지는 계속될 것 같다. 손이 큰 딸 덕에 형제들 집 냉장고는 풍성하다.

"딸아, 고맙다."

나도 답글을 쓴다. 그보다 더 큰 미안하고 안쓰러운 마음은 감춘 채, 그저 고맙다고 한마디를 남긴다. 오늘도 작은딸의 큰손이, 우리 집안의 밥상을 든든히 받치고 있다.

작아진 몸피

이제 십 년을 넘게 탔던 차와 이별한다.

지독한 길치에다 나이까지 먹을 대로 먹은 할망구를 태우고 다니려니 그간 얼마나 답답했을까, 군소리 없이 내 발이 되어준 고마운 차, 소나타 6867.

오히려 군소리는 남편이 했다. 귀에 딱지가 생기도록 제일 많이 들은 말은 딱 두 마디다.

"한두 번 와본 길이야?"

내가 길눈이 좀 어두운 편이라 몇 번씩 가본 길에서도 헤맬 때마다 듣던 소리다. 또 하나 있다.

"끼어 줘, 껴 줘."

얌체처럼 무리하게 끼어드는 차는 절대 안 끼어 줄 때도 남편은 입버릇처럼 말했다. 그럴 때마다 나는 대뜸

대꾸하곤 했다.

"저것들이 끼어 주면 내가 여자이고 지가 잘나서 들어온 줄 알고 고맙단 깜박이 인사도 하지 않는단 말이야."

남편은 손 하나 움직이지 않고 자신이 가고자 하는 데는 다 다니면서도 늘 잔소리였지. 지겹게 듣기 싫던 그 잔소리마저도 지금은 그립다.

그는 늘 말버릇처럼 "우리 홍경희 더 멋진 차를 한번 타게 해줘야 하는데⋯." 했고, 나는 질색하며 맞받아치곤 했다.

"큰 차는 질색이야, 주차하기 힘들어. 나는 얘가 딱 좋아."

이렇게 정든 순백의 소나타는 나의 다섯 번째 애마였고 그중에 제일 많이 아프고 쓰라린 역경을 함께한 친구였다. 혼자 있고 싶고, 혼자 울고 싶을 때는 마구간 건초더미처럼 포근한 차 안으로 슬그머니 찾아들었다. 대답이 필요 없는 넋두리를 차분히 들어주며 평정심을 찾길 기다려 주던 무던한 친구였다.

나의 분신 같은 그와 헤어지게 되리라고는 조금도 생각하지 않았는데 오늘 같은 날이 오고 말았다. 자식들은 운전하는 엄마가 걱정스러웠는지 요즘 들어 자주 나를 회유하기 시작했다.

"엄마가 가고자 하는 곳은 어디든지 모셔다드릴게요. 아니면 택시를 타시면 되고요."

백 프로 다 믿을 수는 없다고 생각했지만 못 이기는 척 들어줘야 했다.

결정하고 나서 몇 날은 밤잠을 못 잤다. 괜스레 주차장에 내려가 차 안에서 한참을 멍하니 앉아 있다 올라오기도 했다. 보내야 하는 미안한 마음 때문에 핸들이며 계기판을 어루만져보기도 했다.

처음 만났을 때의 계기판이 생각난다. 먼저 타던 차에는 없었던 '주행가능거리' 표시가 빨간빛으로 반짝였다. 새 기능이 신기했다. 나는 그 녀석을 쓰다듬으며 "멋진 녀석이야." 하고 말했다. 그 계기판을 제목으로 《에세이문학》에 등단했고, 첫 번째 수필집 제목도 《주행가능거리》로 지었다.

'그래요. 그때는 나도 신났죠. 젊지는 않지만 여리고 호기심 많은 할머니가 내 주인이 되었다는 것이 좋았답니다. 새로운 기능에 신기해하는 모습이 소녀 같았거든

요.'

참으로 많은 일들이 있었죠. 등단하고, 수필집을 내고 기쁜 일이 있었는가 하면 남편이신 다니엘께 닥친 우환, 수술, 이어지는 항암치료, 완치 판정까지의 세월을 잘도 견뎌내셨습니다.'

환청이 계속되며 나는 다시 눈물이 솟는다.

'울지 마세요. 눈물 날 때는 주먹밥 싸서 소풍 갔던 즐거운 한때를 떠 올려보세요. 행복하지 않으셨나요? 바다를 좋아하던 다니엘을 위해서 탄도항 갈매기들과 놀았고, 미술관 뒤편 캠핑장 숲속, 그리고 백운호수 벚꽃 그늘을 생각 속에 펼쳐보세요.

헤어져야 하는 슬픔을 잘 견뎌야 합니다. 그동안 아껴주고 보살펴주신 덕분에 폐차장으로 가지 않고 새 주인을 만나게 되는 것도 고맙습니다.'

떠나는 모습을 차마 볼 수 없어 뒤처리를 사위에게 부탁했다. 차 안에 남아있던 자질구레한 물건을 담은 쇼핑백을 받는 순간 급기야 눈물이 터져 나왔다.

애마가 내 곁을 떠났다는 것은, 이별 그 이상의 감정으로 엄습해 왔다. 내 몸피가 점점 작아지는 느낌이랄까. 헤어짐의 슬픔보다 현실을 눈앞에 그려보게 되었다. 언제라도 내가 가고 싶은 곳을 가던 때는 이제 오지 않는다. 작은 움직임도 다른 사람의 도움 없이는 불가능하다. 이것은 곧 나의 쇠락이다.

애마와의 이별 때문에 시작한 눈물이었는데, 뒷산 숲 속만 하염없이 바라보며 어떤 날을 기다리고 있을 내 모습으로 번진다. 울음을 그칠 수가 없다. 오늘만 울고 낼모레 주말에는 아무 일도 없었던 것처럼 아이들을 맞이하리라.

작별

오늘은 다니엘이 우리를 만나러 오는 날이다. 벌써 네 번째 기일이다.

그는 수목장을 원했고, 기일에 제수를 차려 제사를 지내지 말라고 했다. 탕, 적, 포 같은 것은 올리지 말고 자기가 좋아했던 음식을 차리라고 했다. 생일처럼 식구들이 둘러앉아 먹으며 즐겁게 보내길 바랐다.

처음엔 아이들도 과연 그렇게 해도 될까 망설이다가 의논 끝에 아빠의 뜻을 따르기로 결정했다. 각자 아빠가 좋아하셨던 음식, 추억이 깃든 간식이나 과일 같은 것을 준비해 왔다.

어느 때는 돈가스나 카레라이스, 콩나물밥이 주식이 될 때도 있고, 프라이드치킨이나 팥빙수가 간식으로 등장하기도 한다. 사과와 배 대신 제철 과일이나 열대 과일까지 올라오면 제사상이 아니라 생일상을 차린 듯하다. 평소 아빠와 즐겨 먹던 음식이다 보니, 자연스레 추억담이 줄줄이 나온다. 아빠에게 받은 사랑도 제각각이어서 저만의 에피소드가 나오고, 아빠의 험담도 슬그머니 나온다.

네 남매가 어렸을 때, 월급날이면 어김없이 아빠의 손에 들려 있던 명동영양센터의 전기구이 통닭, 아빠올 때만 목 빠지게 기다리던 추억을 떠올리면 다 같이 1970년대로 돌아간 기분이 든다.

이야기가 성인이 된 후로 옮겨가면 딸, 며느리를 데리고 고스톱치던 이야기가 빠질 수 없다. 슬쩍슬쩍 눈치껏 이겨서 인정사정없이 동전을 쓸어가던 아빠의 모습을 회상하며 눈물 나게 웃기도 한다. 손자들도 학교에서 돌아올 때를 맞춰서 컵라면에 물을 붓고 기다리던 할아버지를 떠올린다. 쌍둥이의 입맛이 달라 시간차를 두고 물을 붓던 자상한 할아버지였다고.

해마다 같은 이야기가 나와도 늘 새로운 이야기인 양 재미있어 한다. 한참 웃다가 고개를 돌리면 식탁 머리

의자에 놓인 사진 속에서 그가 흡족한 듯 내려다보고 있다.

'그래, 그땐 그랬지.'

'아니, 네가 그 일을 기억하고 있다니. 아주 어렸을 때 인데….'

'다들 모이니 좋구나.'

그가 고개를 끄덕이는 것도 같아 보인다.

사 년 전 오늘, 정월 열나흗날이었다.

거동이 불편한 그가 방이 답답하다고 해서 거실을 일 인용 병실처럼 꾸미고 지냈다. 소파는 보호자용 간이침대 구실이다.

환자용 침대에 누운 남편의 눈길은 주방에서 일하고 있는 내 뒷모습을 따라 바쁘게 움직였다.

보름 밥 먹으러 오라고 애들을 모두 불렀으니 바삐 서둘러야 했다. 보름나물과 오곡밥을 지으려고 잡곡을 씻어 물에 담그고 나물거리를 손질하느라 시간이 오래 걸렸다. 일하면서도 그가 기침하면 달려가 입술을 닦아줘야 했다. 주방에서 침대로 수없이 자주 왔다 갔다 하니 부엌일이 더뎠다.

그가 미안했던지 기운 없는 목소리로 말했다.

"미⋯안해. 오늘은 더⋯ 심하네."

나는 일부러 씩씩한 척 큰 소리로 대답했다.

"괜찮아요, 애들 모두 온다니까 당신 기분 좋지?"

"나야⋯ 좋지. 당신이 어려워서⋯ 그렇지."

그런데 그의 시선이 내게 꽂히지 않았다. 자꾸 머리 위의 벽시계 쪽을 보는 것 같았다.

"여보. 어딜 봐, 날 봐야지. 홍경희 여기 있는디 어딜 봐? 여기, 여기, 날 보라구."

그렇게 그는 허망하게 갔다. 너무도 깨끗하고 평온한 얼굴로 잠든 것처럼.

뭐가 그리 바빴던가, 작별의 말 한마디 없이. 먼저 가서 미안하다는 말도 없이 서둘러 그렇게.

그 후로 나는 보름나물과 오곡밥을 짓지 않는다. 그리고 잊은 것처럼 천연덕스럽게 잘 지내고 있다. 그런데 웃고 시시덕대며 깔깔거려도 바늘에 찔린 풍선처럼 웃음이 자꾸 옆구리로 새 나가는 기분은 언제쯤이면 고쳐

질까?. 고쳐지기는 할까.

오늘도 빨래를 널며 혼자 중얼거린다.

"모두 내 옷뿐이네."

너무도 당연한 말을.

홍경희 두 번째 수필집

춤을 잃은 고래

초판인쇄 | 2025년 9월 10일
초판발행 | 2025년 9월 20일
지 은 이 | 홍경희
펴 낸 이 | 김경희
펴 낸 곳 | 말그릇

(우)02030 서울시 중랑구 공릉로 12가길 52~6(묵동)
전 화 | 02- 971- 4154
팩 스 | 0504 -194 -7032

이메일 | wjdek421@naver.com

등록번호 2020년 1월 6일 제2020 - 3호

ISBN 979 -11-92837-23-9 (03810)

※이 책은 '2025년 용인시에서 문학창작지원금'을 받아 출간하였습니다.

이 도서의 국립중앙도서관 출판예정도서목록(CIP)은 서지정보유통지원시스템 홈페이지(http://seoji.
nl.go.kr)와 국가자료종합목록 구축시스템(http://kolis-net.nl.go.kr)에서 이용할 수 있습니다.